L'économie est une science morale

Amartya Sen

L'économie est une science morale

Introduction de Marc Saint-Upéry

La Découverte / Poche
9 *bis*, rue Abel-Hovelacque
75013 Paris

Ce livre a été précédemment publié, en 1999, dans la collection « Cahiers libres » aux Éditions La Découverte.

Catalogage Électre-Bibliographie

SEN, Amartya
L'économie est une science morale - Paris : La Découverte, 2003.
(La Découverte Poche ; 142. Essais)
ISBN 2-7071-4282-4

RAMEAU :	économie politique : aspect moral
DEWEY :	330.1 : Économie générale. Théorie générale de l'économie.
Public concerné :	Public motivé. Niveau universitaire

Si vous désirez être tenu régulièrement informé de nos parutions, il vous suffit d'envoyer vos nom et adresse aux Éditions La Découverte, 9 *bis*, rue Abel-Hovelacque, 75013 Paris. Vous recevrez gratuitement notre bulletin trimestriel ***À La Découverte***. Vous pouvez également nous contacter sur notre site **www.editionsladecouverte.fr**.

INTRODUCTION

Amartya Sen ou l'économie comme science morale

Par Marc Saint-Upéry

En septembre 1998, la Réserve fédérale dut organiser un plan de sauvetage de 5 000 millions de dollars pour venir en aide à la Long Term Capital Management (LTCM), société américaine de fonds de couverture qui avait perdu 19 000 millions de dollars. La LTCM s'honorait de compter parmi ses membres fondateurs Robert Merton, de Harvard, et Miron Scholes, de Stanford, tous deux lauréats du Nobel d'économie 1997 pour leurs travaux sur la formation des prix sur les marchés d'instruments financiers dérivés [1].

L'attribution, à peine un mois plus tard, du même prix Nobel à Amartya Sen, un économiste indien qui explique qu'il n'a pas de conseil à donner aux gens qui lui demandent comment placer leur argent parce qu'il s'intéresse essentiellement au sort de ceux qui n'ont pas d'argent à placer, ne manquait donc pas de saveur ironique et a suscité

1. Sur l'embarras des spécialistes, voir « The Unbearable Ligthness of Finance », *The Economist*, 5-11 décembre 1998.

une certaine curiosité *. Ne dit-on pas que ce Nobel[2] issu du tiers monde, spécialiste des problèmes de pauvreté et de développement, est un économiste « différent », et que sa nomination marque une rupture avec l'orientation des lauréats des dernières années ? Les agences de presse ont justement insisté sur les travaux de Sen sur la famine et l'inégalité. Ses recherches font partie d'un effort collectif qui a commencé à ébranler la dictature du PIB dans les mesures internationales de la prospérité et du développement humain. Même un citoyen peu au fait des arcanes de la théorie économique, pour peu qu'il nourrisse des sympathies progressistes, ne peut manquer de se poser des questions, fût-ce sous une forme assez naïve : s'agit-il donc d'une nouvelle défaite de la « pensée unique » (en supposant qu'on sache ce que signifie

* Sen est assez peu connu en France en dehors des spécialistes de l'économie normative, de l'économie du développement et des philosophes travaillant sur les théories de la justice. Dans les pays anglo-saxons, il publie régulièrement des articles destinés à un large lectorat dans des magazines comme le *Times Literary Supplement*, la *New York Review of Books* ou l'hebdomadaire *New Republic*. La revue *M* a été, grâce à Jacques Hoarau, une des premières en France à publier un texte de Sen. Voir « Quelle égalité ? », *M*, n° 44, février 1991. La revue *Esprit* à manifesté un intérêt soutenu pour le travail de Sen et publié les articles suivants : « La liberté individuelle : une responsabilité sociale » (mars-avril 1991 ; reproduit dans ce volume) ; « Pourquoi un déficit de cent millions de femmes ? » (septembre 1991) ; « Menaces sur les traditions laïques de l'Inde » (août-septembre 1993) ; « Il n'y a pas de bombe démographique » (novembre 1995). Voir aussi « Codes moraux et réussite économique », *Actes de la recherche en sciences sociales*, n° 100, décembre 1993, et « Éthique et finance », *Revue d'économie financière*, printemps 1992 (dans une traduction hélas exécrable). L'ouvrage intitulé *Éthique et économie* (PUF, Paris, 1993) reproduit, outre le contenu d'un livre de Sen ayant le même titre en anglais, une série d'articles fondamentaux de cet auteur, parfois assez techniques mais exempts de formalisation mathématique.

2. En 1979, Sir W. Arthur Lewis fut le premier économiste du tiers monde à recevoir le prix Nobel.

cette formule à tout faire) ? Les jurés du Nobel auraient-ils couronné un économiste de gauche ?

Le fait que nombre des recherches théoriques de Sen se développent à partir de concepts clés de l'orthodoxie néo-classique rend passablement complexe la question de savoir s'il s'agit néanmoins d'un économiste « hétérodoxe », à supposer qu'on donne un sens pertinent à ce terme. Quant à sa sensibilité politique, elle n'est pas non plus si facile à étiqueter. Mais la demande profane d'expliciter le « sens » politique et moral d'une théorie économique est néanmoins parfaitement légitime, et Sen serait sans doute le dernier à la rejeter. Si l'on veut absolument lui assigner une affiliation idéologique, le mieux serait peut-être de le relier à cette tradition radicalement égalitaire du libéralisme politique qui, comme dans le cas de John Stuart Mill (1806-1873), finit par partager un certain nombre de positions avec les courants démocratiques du mouvement ouvrier socialiste (à la fin de sa vie, Mill défendait une forme de socialisme coopérativiste [3]). Cette hypothèse apparaît d'autant plus plausible quand on lit les remarques que Sen consacre au rapport entre « développement capitaliste » et « questions socialistes » et le vibrant hommage qu'il rend à la formation politique et intellectuelle de sa défunte épouse italienne, Eva Colorni, fille du penseur et résistant antifasciste Eugenio Colorni, lié au courant dit du « socialisme libéral », dont les figures les plus connues sont Piero Gobetti (un intellectuel libéral qui collabora à *L'Ordine Nuovo* de Gramsci), Carlo

3. On trouvera une excellente reconstruction du cheminement de Mill vers des idéaux socialistes *in* R. ASHCRAFT, « Class Conflict and Constitutionalism in J. S. Mill's Thought », *in* Nancy L. ROSENBLUM (éd.), *Liberalism and the Moral Life*, Harvard U.P., Cambridge, Mass., 1989.

Rosselli, Altiero Spinelli (précurseur et théoricien du fédéralisme européen) et le philosophe Norberto Bobbio[4].

N'oublions pas non plus qu'Amartya Sen, héritier de la grande tradition de l'humanisme bengali (le premier Nobel de littérature du tiers monde n'était autre que le poète, romancier et essayiste Rabindranath Tagore), est un citoyen orgueilleux de la plus grande démocratie postcoloniale. S'il critique l'erreur d'avoir orienté l'action de l'État indien dans le sens d'un contrôle excessivement rigide et bureaucratique de l'initiative économique au lieu de lancer toutes ses forces sur le terrain de la santé, de l'éducation et des infrastructures de base du développement humain, Sen se reconnaît amplement dans l'esprit du projet politique laïque, pluraliste et progressiste de Jawaharlal Nehru[5].

En général, même si les caractéristiques de base d'un régime politique moralement acceptable sont parfaitement claires dans son esprit, Sen est très pragmatique quand il s'agit d'évaluer telle ou telle politique spécifique de promotion du développement humain dans le tiers monde. En matière d'éducation et de santé par exemple, il cite les résultats appréciables de pays aussi différents que la Chine populaire, la Corée du Sud, le Costa Rica,

---

4. Voir ci-dessous A. K. SEN, « Responsabilité sociale et démocratie : l'impératif d'équité et le conservatisme financier ». Sur Gobetti et Rosselli, voir P. BAGNOLI, *Rosselli, Gobetti e la rivoluzione democratica. Uomini e idee tra liberalismo e socialismo*, La Nuova Italia, Firenze, 1996. Sur Norberto Bobbio en tant qu'héritier de cette tradition, on peut lire l'excellent article de Perry ANDERSON, « The Affinities of Norberto Bobbio », *in A Zone of Engagement*, Verso, Londres, 1992.

5. Sur la figure de Nehru, voir A. K. SEN, « The Miracle of India », *Times Literary Supplement*, août 1997 (recension de l'excellent livre de Sunil KHILNANI, *The Idea of India*, Penguin, Londres, 1997).

la Jamaïque ou l'État de Kerala, dans le sud de l'Inde, gouverné par une administration à dominante communiste. En particulier, il utilise souvent la comparaison entre l'Inde et la Chine. Pour des raisons de trajectoire historique, de taille, de ressources et de parité économique approximative au moment de l'indépendance et de la révolution respectivement, ces deux pays illustrent bien les vertus et les défauts de deux systèmes et de deux trajectoires de développement différents (même si les statistiques chinoises ne sont pas assez fiables pour que la comparaison soit totalement satisfaisante). Sen montre, par exemple, que les taux de croissance chinois et indien sont plus ou moins équivalents jusque vers la fin des années soixante-dix, mais que la Chine obtient de bien meilleurs résultats en matière de distribution et un certain succès dans l'élimination de la pauvreté endémique et de la malnutrition. Au milieu des années quatre-vingt, la consommation calorique moyenne par jour était de 2 620 en Chine, tandis qu'elle était de seulement de 2 160 en Inde. Mais Sen n'oublie pas de mentionner les trente millions de morts de la famine de 1958-1961, dus en grande partie à la politique absurde du Grand Bond en avant, et observe que depuis la libéralisation de 1978, qui a considérablement accéléré la croissance, on constate une détérioration de l'espérance de vie et de la mortalité infantile des Chinois[6].

6. Cité *in* A. Vanaik, *The Painful Transition. Bourgeois Democracy in India*, Verso, Londres, 1990, à propos d'une intervention de Sen dans un séminaire international tenu à New Delhi en 1984 et d'un article ultérieur, « Food for Thougt and Survival », *Economic Times*, janvier 1989. Voir également A. K. Sen, *Beyond Liberalization : Social Opportunity and Human Capability*, Lakdawala Lecture, New Dehli, 1996.

Il n'est donc pas si facile de mobiliser le travail de Sen au service de telle ou telle orientation idéologique. Cela ne signifie pas pour autant qu'il soit indifférent aux jugements de valeur, ou que ses écrits n'aient pas des implications politiques qui ne plairaient pas à certains, comme le montre bien sa critique de l'extrémisme anti-inflationniste dans les pages qui suivent. Bien au contraire, la relation entre valeur éthique et raisonnement économique est au centre de son œuvre, et c'est justement ce qui la rend intéressante, malgré les difficultés techniques pour des non-économistes. N'étant pas moi-même économiste, comme probablement la majorité des lecteurs de cet ouvrage, j'essaierai de donner une idée des différents aspects de cette relation sans prétendre offrir une étude scientifique de l'œuvre de Sen, mais sans négliger les occasions de faire allusion à certaines problématiques directement ou indirectement liées à son travail.

De l'économie du bien-être à la philosophie morale

Amartya Sen est né en 1933 à Santiniketan, au Bengale. Professeur à Calcutta à l'âge de vingt-trois ans, puis à Cambridge, à New Dehli, à la London School of Economics et à Oxford, Sen enseigne l'économie et la philosophie à Harvard depuis 1987. Il est également depuis début 1998 recteur du Trinity College de Cambridge. Sa notoriété précoce chez les spécialistes est due à un ouvrage austère, *Collective Choice and Social Welfare* (1970), qui affronte à l'aide d'une instrumentation logico-mathématique assez raffinée le fameux théorème de Kenneth Arrow, prix Nobel 1972, lequel démontre l'« impossibilité », étant donné certaines hypothèses communément acceptées, de fonder un choix collectif sur les préférences des individus [7].

Il est question ici non d'entrer dans les détails de ce type de démonstration – j'en serais d'ailleurs techniquement incapable –, mais plutôt de tenter d'élucider ce qu'il nous révèle sur les implications éthiques du raisonnement économique. La possibilité d'agréger les préférences individuelles est un problème central de la théorie du choix social. On peut faire remonter son origine aux recherches sur les procédures de vote de Borda et Condorcet, au XVIIIe siècle, qui révèlent les effets paradoxaux entraînés par la règle de la majorité simple. Admettons par exemple que Pierre, Paul et Jean votent pour savoir s'ils iront au cinéma, au théâtre ou à un concert. Les préférences respectives de chacun d'entre eux sont les suivantes, en ordre décroissant.

Pierre : théâtre > cinéma > concert
Paul : concert > théâtre > cinéma
Jean : cinéma > concert > théâtre

Dans un vote à majorité simple, le théâtre l'emporte sur le cinéma (Pierre et Paul votent pour, Jean vote contre). Ils pourraient donc aller au théâtre. Mais, entre le théâtre et le concert, c'est le concert qui gagne (Paul et Jean votent pour, Pierre vote contre). Devraient-ils donc préférer le concert ? Mais le concert perd face au cinéma (Pierre et Jean

7. *Collective Choice and Social Welfare*, North Holland, Amsterdam, 1980 (2e éd.) ; K. J. ARROW, *Social Choices and Individual Values*, Macmillan, New York, 1963 (trad. franç. *Choix collectifs et préférences individuelles*, Calmann-Lévy, Paris, 1975).

votent en sa faveur contre Paul). On a donc une séquence cinéma > concert > théâtre > cinéma. En d'autres termes, les préférences agrégées forment un cercle incompatible avec ce que nous attendons d'un choix rationnel : elles sont *intransitives*. Le comportement du tout se révèle différent de celui des parties, et la rationalité collective ne se réduit pas à l'agrégation des rationalités individuelles, du moins avec ce type de procédure de choix. On ne tarda guère à s'apercevoir que toutes les procédures connues menaient au même type d'impasse [8].

Vers le milieu du XIXe siècle, la question de l'agrégation des préférences réapparaît sous une forme plus spécifiquement économique, celle du choix de projets publics, en particulier chez les « ingénieurs-économistes » français, comme Jules Dupuit, précurseur de l'analyse coûts-bénéfices. Il s'agit d'établir et d'évaluer en termes monétaires la désirabilité sociale d'une infrastructure publique, un pont par exemple. Plus généralement, cette question se développera sous l'influence de la théorie de l'utilité, d'origine anglaise, qui considère que le meilleur choix collectif est celui qui maximise la somme des utilités individuelles. Mais la conception utilitariste se heurte à des difficultés majeures, car elle suppose qu'on puisse exprimer toutes les utilités (que cette notion soit définie comme plaisir, bonheur, satisfaction du désir ou relation de préférence binaire) à travers une même unité de valeur. Suite à la révolution marginaliste, et dans le cadre de la

8. Notons que le même paradoxe peut surgir à partir des préférences d'une seule personne, si par exemple je dois choisir entre trois emplois, A, B et C, que j'évalue d'après trois dimensions différentes : *w* l'intérêt du travail, *x* le lieu de travail et *z* la personnalité de mes collègues.

théorie économique du bien-être d'inspiration néo-classique, la notion d'utilité sera soumise à un processus d'épuration et de formalisation conceptuelle et connaîtra de nombreuses transformations, limitations et spécifications logico-mathématiques qui l'éloigneront de ses origines philosophiques, même si l'on peut considérer qu'elle conserve certaines affinités avec elles dans ses hypothèses implicites sur le comportement humain. Parmi les changements essentiels, censés entre autres permettre d'évacuer les jugements de valeur invérifiables, signalons la prohibition des comparaisons interpersonnelles et le passage de la dimension cardinale (représentation numérique de l'intensité d'une préférence) à la dimension ordinale (simple classement binaire des options) de l'utilité. Nous ne pouvons nous étendre ici sur ces évolutions, ni sur ce qu'elles recouvrent véritablement en termes de rupture et de continuité conceptuelle, mais nous verrons qu'elles jouent un certain rôle dans les critiques faites par Sen aux conceptions néo-classiques et néo-utilitaristes de l'économie du bien-être.

Dans les années trente, Paul Samuelson formalisa le problème de l'agrégation sociale des préférences à travers une fonction d'utilité collective désignée comme « fonction de bien-être social » (*social welfare function*, ou SWF), qui associe à la collection des utilités individuelles ($u^1, u^2, ..., u^n$) un certain nombre SWF ($u^1, u^2, ..., u^n$). Disposer de ce nombre résout le problème du choix social : il suffit de choisir l'alternative qui maximise la valeur de SWF. L'apport majeur de Kenneth Arrow, en 1951, consista à démontrer l'inexistence d'une telle fonction et l'impossibilité de déduire une relation de préférence collective cohérente à partir des relations de préférence de chacun des membres d'une société, sauf à considérer des solutions « dictatoriales » qui tranchent brutalement la question du choix collectif en l'identifiant avec la classification des préférences d'un seul agent[9]. Ce résultat – qui généralise le paradoxe de Condorcet – pose un certain nombre de problèmes, souvent d'un haut niveau d'abstraction, et a focalisé l'attention et les efforts analytiques de nombreux chercheurs. Ce qui intéresse Sen, au-delà des solutions purement techniques, c'est la possibilité d'utiliser les méthodes d'investigation explorées par Arrow pour déterminer si une série spécifique de principes généraux de choix sont ou ne sont pas compatibles pour définir des décisions collectives cohérentes. Ce qui l'amène à démontrer que nombre des conflits entre différents principes de décision collective sont dus en dernière analyse à des divergences au niveau de ce qu'on peut définir comme la « base informationnelle » de ces principes. Chaque principe sélectionne l'information qu'il estime pertinente. Ainsi, par exemple, l'information « utilité » néglige des dimensions du comportement humain qui sont fort importantes pour définir non seulement le bien-être comme niveau supposé de satisfaction des désirs, mais la réalisation d'une ample gamme de potentia-

---

9. Les conditions « constitutionnelles » exigées par le théorème d'Arrow sont les suivantes :

a. La règle d'agrégation est définie pour toutes les relations de préférences qui sont totales et transitives.

b. Les préférences sociales entre deux options sont indépendantes des préférences individuelles sur toutes les autres options.

c. Les préférences sociales sont compatibles avec le critère de Pareto : si un état réalisable est préféré par tous les individus à un autre, alors il doit en être de même pour la relation de préférence collective.

d. La règle d'agrégation est non dictatoriale.

lités humaines. Dans un célèbre essai, « Des idiots rationnels[10] », Sen critiquera l'idée que la rationalité des préférences coïncide avec leur cohérence formelle interne, dont la transitivité est un aspect essentiel (outre le fait que les préférences peuvent évoluer, seuls les objectifs et valeurs poursuivis peuvent définir la rationalité), ou avec la maximisation de l'intérêt individuel égoïste (il existe des comportements compassionnels, normatifs, solidaires, coopératifs, etc., qui sont parfaitement rationnels). Non seulement la conception de l'*Homo economicus* comme agent rationnel dépourvu de dimensions affectives et morales n'est guère réaliste, mais elle n'est pas toujours efficace, y compris d'un point de vue économique.

On comprend ainsi pourquoi Sen entend renouer le dialogue avec la philosophie morale et politique. Il nous rappelle à ce sujet qu'Adam Smith, injustement perçu par nombre de ses admirateurs contemporains comme le chantre de l'égoïsme rationnel et du laisser-faire absolu, était professeur de philosophie morale à l'université de Glasgow. Auteur d'une *Théorie des sentiments moraux*, admirateur des stoïciens grecs, Smith écrivait à leur propos : « L'homme [...] devrait se considérer non pas comme séparé et détaché de tout, mais comme un citoyen du monde, un membre de la vaste communauté de la nature [...], dans l'intérêt de cette grande communauté, il devrait à tout instant être prêt à sacrifier son propre petit intérêt[11]. » Son éloge du marché est

---

10. *In* A. K. SEN, *Choice, Welfare, Measurement*, Blackwell, Oxford, 1982 (trad. franç. *in Éthique et économie*, PUF, Paris, 1993).

11. A. SMITH, *The Theory of Moral Sentiments*, Clarendon Press, Oxford, 1975. Cité par SEN *in Éthique et économie*, *op. cit.* Sen se réfère implicitement à une image de Smith qui reste encore largement

lié à un souci d'efficacité de la production et des échanges dans un contexte historique tout à fait spécifique de sortie de la société féodale et mercantiliste, mais il ne songeait nullement à l'étendre à toutes les sphères de la vie sociale. Sen entend raviver cette inspiration morale, qu'il rencontre également sous d'autres formes chez Aristote, Karl Marx ou John Stuart Mill. Il ne s'agit pas seulement de retrouver les racines éthico-philosophiques de la science économique, mais d'utiliser les instruments logico-mathématiques extrêmement sophistiqués forgés par les économistes pour éclairer la nature éminemment complexe de l'interdépendance sociale[12].

Bonheur et équité

C'est précisément sur un des aspects de cette interdépendance que l'économie du bien-être faisait l'impasse en renonçant aux comparaisons entre les satisfactions relatives des différents individus. Dans

---

dominante tant chez ceux qui font de son nom une bannière de l'ultralibéralisme que chez ses adversaires « de gauche ». Bien entendu, plus d'un siècle de débat érudit autour du rapport entre la *Théorie des sentiments moraux* et la *Richesse des nations* a permis de dépasser cette vision primaire, mais cette perception plus subtile reste largement confinée à une sphère académique restreinte. Pour une approche à la fois accessible et originale en français, voir J. P. DUPUY, « Adam Smith et la sympathie envieuse », *in Libéralisme et justice sociale*, Hachette, 1997 (ouvrage publié à l'origine sous le titre *Le Sacrifice et l'envie*, Calmann-Lévy, 1992). Deux autres livres relativement récents sont également fort utiles : Jerry Z. MULLER, *Adam Smith in His Time and Ours. Designing the Decent Society*, Free Press, New York, 1993 ; Adelino ZANINI, *Genesi imperfetta. Il governo delle passioni in Adam Smith*, G. Giappichielli Editore, Turin, 1995.

12. A. K. SEN, *Éthique et économie*, PUF, Paris, 1993.

le cadre de cette base informationnelle considérablement appauvrie, le principal critère d'évaluation qui restait à sa disposition était l'optimum de Pareto. Un état social est défini comme optimal au sens de Pareto si et seulement si il est impossible d'accroître l'utilité d'un individu sans réduire celle d'un autre individu. Un état peut donc être optimal au sens de Pareto même si certains y meurent de faim tandis que d'autres y baignent dans l'opulence, étant donné qu'on ne peut améliorer le sort des indigents sans léser les intérêts matériels des riches. On pourrait donc penser qu'un retour à l'utilitarisme classique s'imposait, puisque la maximisation utilitariste de la somme des utilités individuelles n'a de sens que si la collectivité peut comparer le gain d'utilité que représenterait pour l'individu i le passage d'un état social x à un état y avec la perte qu'il représenterait éventuellement pour un individu j. Notons que cette comparabilité ne suppose pas nécessairement le retour à une conception cardinale de l'utilité, puisqu'elle peut s'exprimer sous la forme « x satisfait mieux la préférence de i que celle de j ». Mais, même sous cette forme, elle restait inexprimable dans l'axiomatique élaborée par Arrow. Une des solutions possibles favorisée par Sen a donc d'abord consisté à explorer une piste de recherche que l'on caractérise parfois comme « néo-utilitariste[13] ». En réalité, des trois principes fondamentaux sur lesquels repose l'utilitarisme, Sen décidait à l'époque d'en retenir seulement deux, le « welfarisme » (qui restreint l'information prise en

13. Ce que Sen lui-même admet d'une certaine façon. Voir J. FOSTER et A. K. SEN, « *On Economic Equality* after a Quarter Century » annexe à *On Economic Equality*, Clarendon Press, Oxford, 1997 (réédition augmentée d'un ouvrage de 1973).

compte aux seules utilités) et le conséquentialisme (dont nous allons bientôt voir la définition), et de rejeter le caractère strictement additif du principe d'agrégation des utilités en raison de ses conséquences inégalitaires. Mais le « welfarisme » lui aussi ne tarda pas à tomber sous le coup de sa critique. Or, même si leur traitement se traduit par un haut niveau d'abstraction et de formalisation, il ne s'agit pas là de questions purement techniques, et il convient sans doute, pour mieux comprendre la portée normative de ces choix théoriques, de remonter du raisonnement économique inspiré par l'utilitarisme à la philosophie morale qui l'anticipe en partie.

En tant que doctrine explicite et articulée, l'utilitarisme philosophique est beaucoup plus connu dans les pays anglo-saxons – en Grande-Bretagne, il est à l'origine de nombreuses réformes pénales et législatives au XIXe siècle –, mais on trouve des formes d'utilitarisme implicite tant dans les raisonnements du sens commun (ce qui rend cette doctrine fort séduisante quand elle est explicitée) que dans les présupposés de nombreuses politiques publiques[14]. Historiquement, l'utilitarisme est la doctrine élaborée par le penseur et réformateur anglais Jeremy Bentham (1748-1832) et développée en particulier (avec des modifications substantielles) par John Stuart Mill sur la base du principe dit « du plus grand bonheur pour le plus grand nombre[15] ».

---

14. Philippe VAN PARIJS cite trois exemples de justification utilitariste à l'appui de politiques respectivement ultra-libérale, marxiste et écologiste *in Qu'est-ce qu'une société juste ?*, Seuil, Paris, 1991, p. 35, note 2.

15. On trouvera les textes fondamentaux *in* J. S. MILL et J. BENTHAM, *Utilitarianism and Other Essays*, Penguin, Londres, 1987.

L'utilitarisme est en premier lieu la tentative de transformer l'éthique en une science positive de la conduite humaine, science dont Bentham voulait qu'elle soit « exacte comme la mathématique ». Aux impératifs moraux d'origine religieuse ou métaphysique se substitue la considération exclusive des mobiles réels qui déterminent l'action humaine et qui peuvent se résumer à la recherche du plaisir ou du bien-être (l'« utilité ») et au rejet de la douleur et du malheur[16]. Le « calcul des utilités », qui permet de maximiser le bonheur global, a deux autres attraits : il apparaît radicalement égalitaire, au sens où le bien particulier d'un individu n'a pas plus d'importance que celui de n'importe quel autre (« *We count everyone for one, no one for more than one* », disait Bentham) ; il se présente comme une « morale du résultat » qui n'obéit pas à des règles abstraites mais à une analyse détaillée des conséquences concrètes réelles ou possibles des actions individuelles et/ou des dispositifs institutionnels (c'est pourquoi l'on parle d'une éthique « conséquentialiste »). Tout cela

16. Le lien entre un utilitarisme descriptif, censé expliquer le comportement effectif des individus, et un utilitarisme prescriptif, qui enjoint aux individus d'obéir à la règle de la maximisation de l'utilité en tant que principe moral, n'est pas entièrement clair chez Bentham. On peut considérer que l'utilitarisme normatif implique nécessairement la fausseté de l'utilitarisme explicatif, comme le fait Philippe VAN PARIJS *(op. cit.)* – suivant en cela la plupart des philosophes utilitaristes postérieurs à Bentham. Mais, historiquement, cette ambiguïté originelle n'est sans doute pas une simple incohérence théorique. Il y a une certaine solidarité épistémologique et culturelle entre l'arithmétique individuelle et « *self-regarding* » des peines et des plaisirs et le souci du bonheur national brut, et Elie Halévy n'avait pas totalement tort de prétendre que « la morale des utilitaires, c'est leur psychologie économique mise à l'impératif ». Sur cette question fort controversée, voir *Qu'est-ce que l'utilitarisme ? Une énigme de l'histoire des idées*, Revue du MAUSS, n° 6, 2e semestre 1995.

semble faire de l'utilitarisme un candidat idéal pour orienter une théorie économique du bien-être. Mais la doctrine utilitariste doit pour ce faire surmonter un certain nombre de difficultés intrinsèques.

La première est la définition du bien-être, du bonheur ou de la satisfaction. Le philosophe américain Robert Nozick a élaboré l'argument le plus dévastateur à l'encontre de la conception hédoniste du bonheur qui informe l'utilitarisme originel[17]. Imaginons, dit-il, que des neuropsychologues nous attachent à une « machine d'expérience » qui nous injecte certaines drogues. Ces drogues créent les états de conscience les plus agréables qu'on puisse imaginer. Si le plaisir comme tel était notre bien suprême, nous voudrions tous être ainsi maintenus dans un état de volupté perpétuelle. Mais il est clair que, loin d'y voir la meilleure vie que nous puissions souhaiter, la plupart des gens considéreraient cette forme d'existence comme totalement vaine et dénuée de sens. Notons bien que la machine peut reproduire non seulement des plaisirs grossiers, mais des états mentaux plus complexes et éthérés, comme les angoisses stimulantes de la création artistique. Le problème, c'est que nous ne souhaitons pas seulement jouir de la sensation de créer de l'art, nous voulons créer de l'art, et il en va de même pour toutes les activités auxquelles nous accordons une valeur.

On peut remédier à cette difficulté en disant qu'il ne s'agit pas de maximiser des « états mentaux », plaisirs simples ou complexes, mais de satisfaire les désirs des individus quels qu'ils soient,

---

17. R. Nozick, *Anarchy, State and Utopia*, Basic Books, New York, 1974 (trad. franç. *Anarchie, État et utopie*, PUF, Paris, 1988).

leurs préférences en général (qui peuvent très bien consister à vouloir se sacrifier pour une noble cause, écrire de la poésie ou gagner un concours de buveurs de bière). Maximiser les utilités reviendrait à satisfaire autant que possible les préférences d'un maximum d'individus. Il convient également de faire l'hypothèse qu'il s'agit de préférences *bien informées*, étant donné qu'il y a des désirs contre-productifs par défaut d'information. Sen signale souvent, dans sa critique de l'utilitarisme, un problème analogue, celui des « préférences adaptatives » : dans des conditions d'inégalité et de domination parfois séculaires, les opprimés peuvent être amenés à réduire leurs attentes au point de ne pas pouvoir, oser ou vouloir imaginer une vie meilleure ; c'est le cas de nombreuses femmes doublement opprimées du tiers monde, par exemple, mais l'absence d'insatisfaction manifeste ne justifie pas qu'on ne prenne pas en compte ces inégalités[18].

Tout cela ne nous dit toujours pas comment mesurer les plaisirs, la satisfaction des désirs ou l'intensité d'une préférence. En l'absence d'un « thermomètre moral » ou d'un « hédonomètre » efficaces, l'utilitarisme perd beaucoup de son attrait. Mais, quand bien même on disposerait d'un tel instrument, cela ne résoudrait pas un autre problème : l'égalitarisme apparent de la doctrine ne se reflète pas nécessairement au niveau du résultat des calculs d'utilité. C'est la raison pour laquelle, nous

18. Voir les développements consacrés à cette critique *in* « La liberté individuelle : une responsabilité sociale ». Un ouvrage classique sur les préférences adaptatives est celui de Jon ELSTER, *Sour Grapes*, Cambridge University Press, Cambridge, 1983 (trad. franç. *in Le Laboureur et ses enfants*, Minuit, Paris, 1986).

l'avons vu, Sen rejette l'« additivisme » de l'utilitarisme, qui s'intéresse uniquement à la sommation des utilités et néglige les problèmes de répartition plus ou moins inégalitaire de cet agrégat. Les auteurs utilitaristes ont proposé diverses solutions pour remédier à ce problème, en invoquant en particulier l'effet du principe des utilités marginales décroissantes sur les dimensions socio-économiques et monétaires (avantages divers et revenu) de l'utilité, ce qui introduirait un biais égalitaire en diminuant les gains incrémentaux des plus avantagés. Mais d'autres dimensions de l'utilité et de son agrégation compliquent la situation et permettent de douter de l'effectivité de ce biais.

Parce qu'elle est associée à la pauvreté informationnelle du welfarisme strict, cette relative indifférence à la distribution interpersonnelle des utilités peut avoir des conséquences beaucoup plus graves, et c'est ce qui amènera Sen à approfondir sa critique de l'approche néo-utilitariste en économie. Un des reproches les plus fréquents fait au calcul utilitariste, c'est qu'on pourrait sacrifier la liberté ou même la vie d'un individu pour maximiser l'utilité de tous les autres. Prenons un exemple de la vie réelle : dans certains pays d'Amérique latine, la police est tellement incapable d'assurer la sécurité des citoyens les plus pauvres (les riches disposant de polices privées) que les actes d'autodéfense débouchant sur des lynchages brutaux se multiplient. On pourrait considérer qu'avec la disparition d'un dangereux délinquant l'utilité de tous les citoyens (comme satisfaction de leur préférence pour la vengeance dans le présent et/ou pour la sécurité dans l'avenir) est maximisée, et ce à moindre coût pour le budget de l'État. Mais notre intuition morale (du moins celle de pas mal de gens) nous dit qu'il s'agirait là d'une injustice, même si la victime était coupable de crimes horribles[19].

Ce type d'intuition morale s'exprime généralement dans un langage des droits, de l'inviolabilité de la personne humaine, etc., que Bentham considérait comme des fictions absurdes et nuisibles et qui n'entre pas non plus en ligne de compte dans le raisonnement économique. Pour sa part, la philosophie morale contemporaine définit deux « styles éthiques » fondamentaux et, face au style utilitariste, elle invoque ce qu'elle appelle le style « contractuel ». D'un point de vue contractuel, « un acte est mauvais *[wrong]* s'il est effectué dans des circonstances qui seraient interdites par tout système de règles pour la régulation générale du comportement que personne ne pourrait raisonnablement rejeter comme fondement d'un accord général éclairé et volontaire[20] ». Le plus célèbre représentant de ce style contractuel dans la philosophie contemporaine est bien entendu John Rawls, et la théorie de la justice de Rawls est un point de référence essentiel à partir duquel Sen va construire sa propre conception d'une juste distribution des ressources[21].

---

19. Certains auteurs ont proposé de remédier à cette difficulté en élaborant un « utilitarisme de la règle » qui enjoint d'obéir à des normes non utilitaristes pour des raisons utilitaristes. Cette solution n'élimine pas certains problèmes logiques et normatifs, ce qui permet de douter de sa validité. Voir le traitement de cette question *in* Ph. VAN PARIJS, *op. cit.*, et W. KYMLICKA, *Les Théories de la justice. Une introduction*, La Découverte, Paris, 1999.

20. Th. SCANLON, « Contractualism and Utilitarianism », *in* A. K. SEN et B. WILLIAMS, *Utilitarianism and Beyond*, Cambridge U.P., Cambridge, 1982.

21. J. RAWLS, *A Theory of Justice*, Harvard U.P., Cambridge, Mass., 1971 (trad. franç. *Théorie de la justice*, Seuil, Paris, 1987 ; *Political Liberalism*, Columbia U.P., New York, 1993 (trad. franç. *Libéralisme politique*, PUF, Paris, 1995).

Principes de justice et autoréalisation humaine

Rawls part d'une idée simple : un système de règles équitable est un système auquel les contractants pourraient adhérer sans savoir à l'avance quel bénéfice personnel ils en retireront. C'est pourquoi il élabore la fiction d'une « position originelle » (il s'agit d'une procédure imaginaire de représentation de la justice comme impartialité, pas d'une hypothèse métaphysique) dans laquelle les individus connaissent les caractéristiques générales du fonctionnement de la société et de la psychologie humaine sans savoir quelle sera leur position sociale en son sein, ni quelles seront leurs aptitudes naturelles et leurs propensions psychologiques. Ils disposent de toute l'information nécessaire, sauf de celle qui leur permettrait de trancher en leur propre faveur. Dans ces conditions, chaque contractant doit imaginer des principes de justice valides pour une société où sa propre position sociale lui serait assignée par son pire ennemi. Comme on sait, Rawls fait l'hypothèse que, sous ce « voile d'ignorance », les participants sélectionneraient les deux principes suivants.

1. Toute personne a un droit égal à l'ensemble le plus étendu de libertés fondamentales égales qui soit compatible avec le même ensemble de libertés pour tous.

2. Les inégalités sociales et économiques doivent satisfaire deux conditions : elles doivent *a)* être attachées à des fonctions et positions ouvertes à tous dans des conditions de juste égalité des chances ; *b)* fonctionner au plus grand bénéfice des membres les plus défavorisés de la société.

Autrement dit, égale liberté pour tous, égalité des chances et application du fameux « principe de différence » : l'inégalité économique et sociale peut se justifier pour des raisons d'efficacité dans la coopération sociale et la production de richesses, mais elle n'est légitime que si elle améliore la position des plus défavorisés. En outre, il existe entre les différents principes une priorité de type *lexicographique* (soit le type de priorité défini par la règle alphabétique : AS vient avant DE, bien que S vienne après E) : les libertés fondamentales sont prioritaires sur l'égalité des chances, laquelle est prioritaire sur l'égalisation des ressources, mais le principe de différence est également prioritaire sur les principes d'efficacité ou de maximisation de la somme totale des ressources. On ne peut pas acheter le bien-être au prix de la liberté, mais l'efficacité économique ou la prospérité globale ne peuvent pas non plus justifier une détérioration de la position des plus défavorisés.

Reste à savoir en fonction de quel critère on définit qui sont les plus défavorisés (ce qui revient d'une certaine façon, notons-le, à chercher à résoudre le fameux problème de la comparabilité interpersonnelle). Pour ce faire, Rawls établit une liste de ressources que, selon lui, tout individu rationnel, quels que soient sa conception du bien ou ses objectifs dans la vie, ne peut pas ne pas désirer en tant que « précondition de la poursuite de ses plans de vie ». Cette liste de « biens premiers » comprend : *a)* les droits et les libertés fondamentaux, *b)* la liberté de mouvement et le libre choix d'une position dans un contexte d'égalité des chances, *c)* les pouvoirs et les prérogatives attachés aux différentes fonctions et positions dans les institutions politiques et économiques de la société, *d)* les revenus monétaires et la richesse, *e)* les bases sociales du respect de soi.

Il va sans dire que la construction rawlsienne a donné lieu à d'innombrables critiques et spéculations[22]. Rawls a admis que ses principes de justice et sa liste de biens premiers n'avaient pas une valeur universelle ou transculturelle et reflétaient plutôt ce qui est souhaitable dans une démocratie constitutionnelle occidentale moderne. Dans la pratique, la majorité des commentateurs estiment que la justice rawlsienne correspond à l'idéal d'une social-démocratie de type scandinave, même si certains indices dans les textes de Rawls laissent penser qu'il a à l'esprit une démocratie égalitaire de propriétaires, utopie jeffersonnienne qui paraît encore plus irréaliste vu l'évolution du capitalisme réel.

Parce qu'elle exprime le souci de définir la sphère de la justice distributive dans une perspective qui respecte les droits et l'autonomie des individus, c'est la question des biens premiers qui va particulièrement retenir l'attention de Sen. Le critère choisi par Rawls présente en effet un curieux paradoxe. D'une part, la structure informationnelle pluraliste des biens premiers rawlsiens est beaucoup plus riche et plus satisfaisante qu'un critère étroitement welfariste : les jugements sur l'équité de la répartition ne concernent plus un bien unique et homogène, l'utilité, mais une pluralité de biens irréductibles entre eux. Mais, d'autre part, le regroupe-

22. La littérature sur la théorie de la justice est une impressionnante industrie académique, parfois passablement scolastique et fastidieuse. Parmi les textes utiles en français, outre les ouvages de Jean-Pierre DUPUY, Philippe VAN PARIJS et Will KYMLICKA mentionnés précédemment, on signalera *Individu et justice sociale. Autour de John Rawls*, Seuil, Paris, 1988.

ment de tous les biens premiers dans une même catégorie est trompeur : en effet, étant donné que la structure institutionnelle de base de la société est censée garantir *a priori* – et ce de façon strictement égalitaire et non négociable – les droits et les libertés fondamentaux de tous les citoyens, ainsi que l'égalité des chances, les seuls critères qui permettent vraiment d'identifier les individus plus ou moins défavorisés – outre les bases sociales du respect de soi, plus difficiles à définir d'un point de vue distributif – sont les revenus et la richesse, ce qui nous ramène apparemment à un critère de type monétaire encore plus étroit que l'utilité.

D'après Sen, même si la distribution de ces biens premiers, tels qu'ils sont définis par Rawls, était parfaitement équitable, cela ne résoudrait pas les problèmes d'inégalité parce que la diversité sociale et humaine détermine fortement (pour des raisons de classe, de genre, d'éducation, de conditions écologiques ou de déficiences physiques) ce que les individus sont capables de faire de leurs biens premiers, à savoir « notre capacité de convertir les ressources en libertés réelles[23] ». Ce qui est important, c'est que « les individus puissent véritablement jouir de la liberté de choisir le mode de vie qu'ils ont de bonnes raisons d'apprécier ». Ce qu'il s'agit de distribuer de façon équitable, ce ne sont pas seulement des libertés formelles, des revenus et des ressources, mais des « capabilités » *(capabilities)* de développer des modes de fonctionnement humains fondamentaux *(human functionings)*[24], permettant

23. A. K. SEN, *Inequality Reexamined*, Harvard U.P., Cambridge, Mass., 1996.

24. Par souci de cohérence éditoriale, j'ai suivi la traduction adoptée par Monique Canto-Sperber. Signalons toutefois qu'au néologisme

de vivre une vie digne et sensée plutôt que de seulement accumuler des biens. C'est pourquoi le revenu est un indicateur important mais très relatif du véritable bien-être, lequel suppose une infrastructure de biens publics beaucoup plus complexe qu'un simple mécanisme redistributif.

Pour illustrer ce que signifie une inégalité de capabilités à niveau égal de ressources, Sen utilise souvent l'exemple des handicapés, mais l'origine ethnique, le genre, l'âge peuvent également diminuer la valeur d'une vie humaine, même quand l'accès aux ressources est formellement équitable. Ainsi, dans les pays développés, « une privation relative dans l'espace des revenus peut se traduire par une privation absolue dans l'espace des capabilités ». Si l'on visite un ghetto nord-américain, observe Nicholas Lehmann, « on ne rencontre pas des gens qui meurent de faim, mais une forme d'isolement extrême qui rend la vie physiquement et psychologiquement insupportable. Il s'agit [...] d'une tragédie qu'on ne peut pas interpréter comme un simple manque d'argent. On ne peut pas non plus dire que les Américains pauvres ont besoin d'"opportunités" plutôt que d'argent, parce que, comme le dit Sen, les gens n'ont pas tous les mêmes capacités de profiter des opportunités[25] ».

Derrière la théorie des capabilités, il y a une vision de l'épanouissement de la plénitude des potentialités humaines *(human flourishing)* qui

---

« capabilité » certains traducteurs préfèrent le simple « capacité » (c'est le strict équivalent de ce dernier terme qui est d'ailleurs employé par les traducteurs espagnols et italiens de Sen). *Functioning* est également parfois traduit par « réalisation ».

25. N. LEHMANN, « The Poverty of Poverty. Assaying Inequality », *Transition*, n° 71, 1996, automne 1996.

ressemble plus aux éthiques classiques de l'Antiquité qu'au formalisme kantien des théories de la justice de Rawls ou Dworkin. Il s'agit là, bien entendu, d'une stylisation conceptuelle plus que d'une caractérisation rigoureuse : Sen ne rejette pas vraiment la priorité du juste sur le bien, mais il propose de pondérer les principes de justice par des évaluations conséquentialistes faisant référence aux fins humaines concrètes. S'il reconnaît l'affinité de sa dette envers Aristote, il signale aussi sa pleine appartenance à la modernité par son refus d'une définition normative fermée et immuable des modes de fonctionnement et des capabilités humaines. Les biens et les valeurs changent avec l'évolution des cultures. En outre, en établissant une différence entre les capabilités et les modes de vie réels et spécifiques choisis par les gens, Sen reconnaît également la valeur de la capacité de choix de l'individu : « Je crois qu'Aristote est allé trop loin avec sa liste de modes de fonctionnement bons pour tous les individus [...]. C'est trop ambitieux. Il y a de bonnes raisons de penser qu'il existe une pluralité de capabilités parce qu'il existe une pluralité de fins et d'objectifs que les êtres humains peuvent poursuivre[26]. »

Toutefois, un auteur très proche de Sen, la philosophe américaine Martha Nussbaum, a proposé une liste de capabilités fonctionnelles de base qui a une certaine validité transculturelle, et je crois qu'il vaut la peine de la reproduire parce qu'elle illustre fort bien le type de champ d'investigation

26. Entretien *in Etica degli affari*, II, 1, 1989, cité par A. MASSARENTI, « Introduzione », *in* A.K. SEN, *Laicismo indiano*, Feltrinelli, Milan, 1998.

qu'une économie normative à la Sen peut explorer, en collaboration étroite avec la philosophie éthique et politique :

1. Pouvoir vivre, autant que possible, une vie humaine complète jusqu'à la fin ; éviter une mort prématurée, ou pouvoir mourir avant que notre vie soit diminuée au point de ne plus valoir la peine d'être vécue.

2. Pouvoir jouir d'une bonne santé, d'une alimentation adéquate, d'un foyer décent ; avoir des opportunités de satisfaction sexuelle ; pouvoir se déplacer d'un endroit à un autre.

3. Pouvoir éviter toute douleur inutile et connaître l'expérience du plaisir.

4. Pouvoir utiliser nos cinq sens ; pouvoir imaginer, penser et raisonner.

5. Pouvoir éprouver un attachement pour des personnes et des réalités extérieures à nous-mêmes ; pouvoir aimer ceux qui nous aiment et se soucient de notre sort, pouvoir pleurer leur absence ; en général, pouvoir aimer et éprouver douleur, désir et gratitude.

6. Pouvoir se former une conception du bien et s'engager dans une réflexion critique sur la planification de notre propre vie.

7. Pouvoir vivre pour et vers les autres êtres humains, leur manifester notre capacité de reconnaissance et d'attention, nous consacrer à diverses formes d'interaction sociale et familiale.

8. Pouvoir vivre dans le souci de et en relation avec les animaux, les plantes, le monde de la nature.

9. Pouvoir rire, jouer et nous adonner à des activités récréatives.

10. Pouvoir vivre notre propre vie, et pas celle de quelqu'un d'autre.

10a. Pouvoir vivre notre propre vie dans un environnement et un contexte de notre choix[27].

---

27. M. C. NUSSBAUM, « Aristotelian Social Democracy », *in* R. B. DOUGLASS, G. M. MARA et H. S. RICHARDSON (éd.), *Liberalism and the*

L'idée sous-jacente, c'est qu'une vie à laquelle ferait totalement défaut l'une ou l'autre de ces dimensions verrait son contenu humain *(humanness)* sérieusement diminué, et qu'il convient d'en tenir compte au moment de définir les diverses libertés et opportunités, ainsi que les ressources minimales, qu'une autorité publique doit pouvoir garantir aux citoyens. Martha Nussbaum ne nie pas qu'il puisse y avoir des conflits (même s'il y a aussi de nombreuses interdépendances) entre ces capabilités de base quand il s'agit de choisir la forme spécifique de leur réalisation. Mais, précisément, ce problème est lié à la réponse qu'elle fournit à l'objection libérale selon laquelle, pour respecter la liberté des citoyens de choisir leur propre conception du bien, on ne peut pas formuler une définition trop dense *(thick)* et exhaustive *(comprehensive)* de ce qu'est une vie bonne (c'est ce que Rawls reproche à Sen, par exemple). À cette critique prévisible, Nussbaum réplique comme Sen qu'on ne doit pas confondre capabilité et mode de vie, et que les citoyens peuvent concrétiser chacun de ces modes de fonctionnement humains fondamentaux à travers diverses formes de vie spécifiques, privilégier telle ou telle fonction, changer leurs préférences concrètes au sein de ce cadre générique ou les adapter aux exigences de leur tradition culturelle, de leurs convictions religieuses, etc.

Good, Routledge, Londres, 1990. Martha Nussbaum a édité avec Amartya Sen un volume d'essais, *The Quality of Life*, Clarendon Press, Oxford, 1990, sous l'égide de l'université des Nations unies de Helsinki.

Liberté positive et sous-développement

Cette conception des modes de fonctionnement humains ne rapproche pas seulement Nussbaum et Sen d'un philosophe antique comme Aristote, mais aussi de la vision de l'homme comme être « riche en besoins » formulée par Marx[28]. (En fait, Sen souligne à l'occasion que la théorie de l'exploitation de Marx repose sur une base plus étroite que sa théorie des besoins, et que c'est cette dernière qui lui paraît mieux se prêter à une philosophie globale de l'égalité[29].) Ce que Sen avoue partager avec Marx (et avec d'autres modernes), c'est son intérêt pour ce que la philosophie politique désigne comme « liberté positive ». On sait que la distinction entre liberté négative et liberté positive, absence d'interférence extérieure et opportunité effective de réalisation personnelle (parfois mentionnées comme *liberty from* et *liberty to*) a été popularisée par Isaiah Berlin[30].

---

28. Voir A. HELLER, *La Théorie des besoins chez Marx*, UGE, Paris, 197?.

29. A. K. SEN, *On Economic Inequality*, *op. cit.* Plusieurs auteurs « marxistes analytiques », comme G. A. Cohen, E. O. Wright et J. Roemer, ont tenté de sauver ou de réinterpréter la notion marxienne d'exploitation à la lumière des exigences des théories de la justice libérale. On trouvera des références bibliographiques et un bon résumé critique *in* Will KYMLICKA, *op. cit.*, qui conclut au caractère insurmontable des apories logiques et éthiques du concept marxiste d'exploitation. Pour une approche plus favorable aux travaux de Roemer et Wright, voir M. FLEURBAEY, « Exploitation et inégalité : du côté du marxisme analytique », *Actuel Marx*, n° 7, 1990.

30. Voir I. BERLIN, « Two Concepts on Liberty », *in Four Essays on Liberty*, Oxford U.P., Oxford, 1969 (trad. franç. *Éloge de la liberté*, Calmann-Lévy, Paris, 1988). Pour une analyse logique du concept de liberté, voir G. C. MACCALLUM Jr., « Negative and Positive Freedom », *Philosophical Review*, vol. LXXVI, 1967 (reproduit avec d'autres essais sur le même thème *in* I. CARTER et M. RICCIARDI, *L'Idea di libertà*, Feltrinelli, Milan, 1996).

Loin d'opposer simplement la liberté positive (« ce que les personnes peuvent vraiment faire ») à la liberté formelle ou négative, Sen met en évidence l'étroite imbrication et l'interdépendance des deux notions. Cette interdépendance fonctionne d'ailleurs dans les deux sens, et les travaux importants que l'économiste indien a consacrés aux problèmes de développement, et en particulier, lui permettent de l'illustrer de façon plus parlante. Cherchant à démontrer l'absence de corrélation simple entre déficit alimentaire et famine dans le tiers monde, Sen souligne que des facteurs comme le statut social, l'absence de droits légitimes *(entitlements)* ou l'impossibilité de vendre sa force de travail définissent les catégories vulnérables de la population qui succombent à la famine, tandis que d'autres secteurs ont accès à des ressources arithmétiquement suffisantes pour nourrir tout le monde[31]. Il observe en outre qu'il n'y a pas eu de famines massives en Inde depuis la fin de la domination coloniale, et qu'en général la famine n'affecte pas les pays sous-développés où le pluralisme politique et la liberté de presse permettent que s'exerce une pression en faveur d'une intervention des autorités (comme la création d'emplois publics, souvent utilisée en Inde pour affronter des crises alimentaires). Sen cite comme exemples contraires les tragédies de l'Éthiopie et du Soudan, ou la famine des années 1958-1961 en Chine, qui fit entre 23 et 30 millions de morts sans que cette hécatombe soit même mentionnée dans la presse du régime. « La *liberté*

---

31. A. K. SEN, *Poverty and Famines*, Clarendon Press, Oxford, 1981 ; J. DRÈZE et A. K. SEN, *Hunger and Public Action*, Clarendon Press, Oxford, 1989.

négative de la presse et des partis d'opposition de critiquer, écrire et organiser la protestation, dit Sen, peut s'avérer assez efficace pour préserver les *libertés positives* élémentaires des populations les plus vulnérables. » Inversement, la restriction de la liberté positive due à la pauvreté peut rendre un individu plus vulnérable à une possible violation de sa liberté négative, comme l'illustre l'histoire du journalier Kader Mian dans les pages qui suivent[32].

C'est dans le même esprit que Sen aborde les inégalités de genre. Les rapports sociaux entre les sexes peuvent être analysés comme des « conflits de coopération » manifestant une asymétrie de capacité de négociation. Ici, l'analyse économique ne sert pas à naturaliser l'inégalité, comme dans la sociologie de la famille de Gary Becker[33], mais à révéler la puissance des « technologies sociales » de domination qui maintiennent la femme en état de sujétion au point de mettre en danger sa santé et sa vie (il « manque » 30 millions de femmes en Inde, souligne Sen, qui compare le nombre de femmes par homme dans son pays [0, 94] avec celui des pays développés [1, 06] et de l'Afrique [1, 02]). Là encore, l'interdépendance étroite entre diverses formes de liberté et d'opportunité est illustrée par des exemples très concrets. Sen cite le cas de communautés de pêcheurs du Kerala où l'introduction de méthodes de planning familial eut très vite un impact impressionnant non seulement sur la santé et la survie des femmes, mais sur leur capacité de se procurer un revenu. Autre cas, celui des ouvrières de l'industrie du tabac de Allahabad,

32. Voir ci-dessous, « La liberté individuelle... », *op. cit.*

33. Gary BECKER, *A Treatise on Family*, Harvard U.P., Cambridge, Mass., 1981.

dont la position de salariées a considérablement amélioré le statut et la capacité de décision intrafamiliale. D'autres ouvrières, les dentellières de Narsapur, ne connaissent pas une telle amélioration parce qu'elles sont embauchées pour travailler à domicile, bien que leur production soit vendue sur le marché mondial[34].

Théorie des besoins et contrastes postcoloniaux

Comme le lecteur pourra le constater, si l'Inde est présente dans l'œuvre d'Amartya Sen, ce n'est pas seulement comme objet d'étude empirique, ce qui n'aurait rien d'étonnant, mais également comme source d'inspiration plus fondamentale, ce qui est moins évident. En dehors des sciences naturelles, en effet, il y a peu de corporations académiques aussi mondialisées et culturellement dénationalisées que celle des économistes. S'il existe des écoles à base nationale et certaines variations de style scientifique et professionnel, les méthodes et les problèmes sont de plus en plus un patrimoine commun de la profession, et les idiosyncrasies du contexte local n'entrent guère en considération dans leur élaboration. Il peut donc paraître surprenant de voir un économiste parfaitement intégré à l'élite mondiale de la profession mentionner avec une telle candeur autobiographique à l'appui de ses thèses certains souvenirs douloureux d'enfance

34. A. K. SEN, « Gender and Cooperative Conflicts », *in* I. TINKER, *Persistent Inequalities*, Oxford U.P., Oxford, 1990 (trad. franç. *in* *Éthique et économie*, PUF, Paris, 1993).

et de jeunesse dans l'Inde coloniale et postcoloniale (sans parler des essais politiques et culturels talentueux qu'il a consacrés par ailleurs à son pays d'origine[35]). Avec les villageois affamés du Bengale ou la tragédie du journalier Kader Mian, c'est une autre perspective qui nous est offerte sur une réalité parfois curieusement négligée par les économistes : notre commune humanité. L'affirmation que les hommes, dans leur diversité concrète, sont en même temps égaux eu égard à certaines caractéristiques fondamentales plus tangibles que la simple rationalité (au sens strictement économique du terme) « n'est pas [...] triviale, souligne le philosophe Bernard Williams. Car il est certain qu'il existe des arrangements politiques et sociaux qui négligent systématiquement ces caractéristiques dans le cas de certains groupes humains alors qu'ils en tiennent pleinement compte pour d'autres [...] et qui négligent les exigences morales *[moral claims]* qui découlent de ces caractéristiques [...][36] ».

Un des problèmes du raisonnement économique, c'est que l'indétermination contextuelle de certains de ses concepts fondamentaux, comme celui de rationalité, l'amène également à négliger ces caractéristiques et ces exigences morales. Il en est ainsi de l'impasse sur la comparabilité entre les préférences des agents, telle qu'elle est défendue dans une certaine version de l'économie du bien-être, ou de l'usage indiscriminé du concept d'utilité. Un

35. Les essais politiques et culturels de Sen sur l'Inde sont dispersés dans diverses publications anglo-saxonnes, mais il existe un excellent recueil en italien : A. K. SEN, *Laicismo indiano, op. cit.*

36. B. WILLIAMS, « The Idea of Equality », *in* P. LASLETT et W. G. RUNCIMAN, *Philosophy, Politics and Society*, Blackwell, Oxford, 1962. Cité par SEN *in On Economic Inequality, op. cit.*

souci positiviste d'homogénéité conceptuelle, de monisme explicatif, d'objectivité et de mesurabilité dans la définition du comportement humain débouche paradoxalement sur une incapacité de percevoir comment s'articulent réellement l'unité et la diversité de la nature humaine. Réfléchissant sur ce paradoxe, l'économiste Nicholas Georgescu-Roegen signalait que, pour dépasser cette indétermination, il convient sans doute de formuler une hiérarchie des besoins qui permette de distinguer les besoins fondamentaux (naturels et culturels) des préférences individuelles[37]. Même s'il formule sa théorie dans le langage des droits (ce qui est bien entendu tout à fait défendable), on peut considérer que Rawls n'est pas étranger à cette préoccupation quand il définit les biens premiers comme « ce que l'on désire quoi que l'on désire par ailleurs ». Et la recherche de Sen s'inscrit dans le même souci de dépasser l'obsession homogénéisante qui s'obstine à vouloir que tous les besoins et les préférences concrets soient une forme spécifique d'un besoin abstrait générique comme l'utilité. Comme le souligne Georgescu-Roegen, « la comparaison interpersonnelle des besoins ne fonctionne pas systématiquement. En même temps, on peut difficilement nier qu'il y a un sens *économique* objectif à aider les personnes qui meurent de faim en taxant celles qui passent leurs vacances dans des stations balnéaires de luxe. Il y a également un sens à taxer ces derniers plus fortement que ceux qui ne peuvent se permettre aucun luxe. [...] Le fait que les défenseurs de l'incomparabilité interpersonnelle de

37. N. Georgescu-Roegen, « Utility » *in International Encyclopedia of the Social Sciences,* MacMillan New Yor, 1968.

l'utilité aient sous les yeux une société de revenus relativement élevés est certainement responsable de ce qu'ils perçoivent».

Est-il illégitime de supposer *a contrario* que le fait qu'Amartya Sen soit originaire d'une société tout à fait différente de ce point de vue explique en partie son rapport à l'orthodoxie néo-classique? Dans un essai sur Satyajit Ray, Sen cite une réflexion de son compatriote qui se demande quel élément du riche matériau de la tradition indienne il doit inclure dans ses films: la nostalgie de l'idylle rurale, avec ses bergers jouant de la flûte, l'épopée des dieux et des démons, telle qu'elle se déploie dans la Baghavad Gita? Le génial cinéaste bengali conclut que mieux vaut «rester à [sa] place, dans le présent, au cœur de cette immense et stupéfiante fourmilière urbaine, et tenter d'orchestrer ses points de vue, ses rumeurs, ses atmosphères, ses vertigineux contrastes[38]». Sans cette sensibilité aux «vertigineux contrastes» de la modernité postcoloniale et au rapport entre les «idées abstraites» et les «horreurs concrètes», il eût peut-être été plus difficile à Amartya Sen de s'engager dans l'entreprise qu'il a fortement contribué à légitimer: renouer l'alliance de l'économie politique avec la réflexion sur ce que signifie une vie digne d'être vécue.

---

38. A. K. SEN, «Our Culture, Their Culture. Satyajit Ray and the Art of Universalism», *The New Republic*, 1er avril 1996; Repris *in* A. K. SEN, *Laicismo indiano*, *op. cit.*

L'économie
est une science morale

La liberté individuelle : une responsabilité sociale*

Si l'on considère la liberté individuelle comme une responsabilité sociale, quelles conséquences cela entraîne-t-il ? Voilà le sujet que je souhaiterais aborder. Je voudrais développer ici une conception de l'éthique sociale pour laquelle la liberté individuelle représente à la fois une valeur essentielle qui intervient dans toute évaluation de la société et le produit de l'organisation sociale. Cette perspective comporte, à mes yeux, des avantages notables sur d'autres façons d'aborder l'analyse de la société contemporaine, par exemple, sur le calcul utilitariste des plaisirs et des désirs, lequel sous-tend, de façon implicite ou explicite, l'essentiel de la politique sociale d'aujourd'hui. De plus, une telle perspective peut entraîner, comme j'essaierai de le montrer, des

* L'essai publié ici a été prononcé par Amartya Sen, le 5 mars 1990, alors qu'il recevait le prix Agnelli (prix international destiné à promouvoir la réflexion éthique dans les sociétés modernes), décerné à Turin pour la seconde fois. Originairement publié sous le titre *Libertà individuale come Impegno sociale*, ce texte est paru pour la première fois en français dans la revue *Esprit* (mars-avril 1991). Traduit de l'anglais par Monique Canto Sperber. La traductrice remercie Joshua Cohen et Jean-Pierre Dupuy pour leurs conseils.

conséquences décisives pour l'évaluation des institutions sociales et de la politique publique.

Idées abstraites et horreurs concrètes

Si je veux développer ici les idées fondamentales sur lesquelles repose la conception de la liberté individuelle comme responsabilité sociale, il reste que mon premier souci, dans ce texte, est de reconnaître la portée pratique d'une telle conception. Je tenterai donc d'illustrer par des problèmes issus de la vie réelle les conséquences que cette conception entraîne. Les exemples choisis porteront, pour la plupart, sur des phénomènes économiques. Ce n'est pas seulement parce que je suis, en premier lieu, un économiste de profession (quoique j'aie souvent pris la liberté d'intervenir dans les débats éthiques), mais aussi parce que je crois que, dans le monde où nous vivons, la réflexion économique a quelque chose à apporter à l'éthique réelle.

Au nombre des problèmes les plus lourds de détresse que rencontre l'éthique sociale, certains sont de nature essentiellement économique. On me pardonnera peut-être ici de me laisser aller à quelques souvenirs d'enfance qui ont exercé en fait une influence assez décisive sur l'orientation de mes intérêts et de mes engagements ultérieurs. L'un des deux événements les plus bouleversants de mon enfance est d'avoir vu la famine de 1943 au Bengale, famine au cours de laquelle, d'après les estimations actuelles, trois millions de personnes environ sont mortes. Ce fut une épreuve d'une férocité incroyable et qui survint avec une brusquerie qu'il ne m'était alors aucunement possible de comprendre. J'avais neuf ans à ce moment-là, et j'étais élève d'une école du Bengale rural. Chez les gens que je connaissais à l'école et chez leurs familles, on ne voyait aucun signe de détresse, et en fait, comme je devais le découvrir plus de trente ans plus tard en étudiant cette famine, la majorité de la population du Bengale n'a connu que peu de privations durant tout le temps qu'a duré la famine. La famine se trouvait en effet limitée à certains groupes socioprofessionnels précis (comme c'est le cas de presque toutes les famines) tandis que, pour le reste de la population, les choses, en gros, allaient bien.

Un matin, un homme très maigre est apparu dans l'enceinte de notre école ; il se comportait de manière anormale, ce qui – comme je devais l'apprendre plus tard – est un symptôme habituel d'une privation prolongée de nourriture. Il était venu d'un village éloigné pour chercher de quoi manger, et il errait dans l'espoir d'obtenir de l'aide. Dans les jours qui suivirent, des dizaines, puis des milliers, puis un défilé innombrable de gens traversèrent notre village – des êtres émaciés, aux joues creuses, aux yeux hagards, qui souvent portaient dans leurs bras des enfants n'ayant plus que la peau sur les os. Ils recherchaient la charité des familles plus riches et celle du gouvernement.

Il y eut bien un peu de charité privée, mais celle-ci se trouvait lamentablement incapable de sauver les millions d'êtres frappés par la famine. En tout cas, pour différentes raisons, les autorités de l'Inde britannique ne sont pas parvenues, durant les six premiers mois de la famine, à mettre en place des secours publics de grande envergure. Il est difficile d'oublier la vue de milliers d'êtres décharnés – ayant à peine la force de mendier, souffrant atrocement, et se laissant mourir doucement. Des études ultérieures consacrées à cette famine ont montré que la quantité totale de nourriture alors disponible au Bengale n'était pas particulièrement faible. Il faut donc tenir pour tout à fait intolérable la nature de cet échec social. Ceux qui sont morts n'ont pas eu les moyens d'obtenir la nourriture qui se trouvait pourtant là. Un peu plus loin dans le présent essai, je reviendrai à ce problème général.

L'autre contact direct que j'ai eu avec l'horreur était d'une sorte assez différente. Cela s'est produit alors que j'étais encore plus jeune ; j'avais environ huit ans, je crois. Je me trouvais à ce moment-là à Dacca, qui était alors la deuxième plus grande ville du Bengale, maintenant la capitale du Bangladesh. Il y eut une explosion soudaine d'affrontements violents entre Hindous et musulmans, avec des meurtres insensés perpétrés par des voyous de chacune des deux communautés contre les membres de l'autre communauté. Même si dans la ville les deux communautés étaient mélangées, on trouvait, dans certains quartiers, une concentration de musulmans et dans d'autres une concentration d'Hindous. Ma famille était d'origine hindoue, et nous vivions dans un quartier de Dacca essentiellement peuplé d'hindous de la moyenne bourgeoisie.

Un après-midi, un homme passa notre portail ; il hurlait de façon pitoyable et saignait abondamment. Il avait été poignardé dans le dos.

C'était un musulman, un travailleur journalier, et son nom, disait-il, était Kader Mian. Il était venu faire une livraison de bois dans une maison voisine – pour une maigre rétribution. Tandis que mon père l'emmenait à l'hôpital, il ne cessait de répéter que sa femme l'avait prié de ne pas se rendre dans un quartier hostile tant que duraient les émeutes entre communautés. Mais il avait dû sortir et aller à la recherche d'un travail, parce que sa famille n'avait rien à manger. La sanction de cette non-liberté économique se révéla être la mort ; il mourut un peu plus tard à l'hôpital.

On peut soutenir que des souvenirs pénibles, venus d'un âge où l'on est impressionnable, ne donnent pas matière à réflexion sérieuse, qu'il ne faut donc pas prêter à ces expériences plus de profondeur qu'elles n'en peuvent avoir. Mais je crois que ces exemples particuliers ne sont pas sans rapport avec l'essentiel de ce que je voudrais dire ici. Je prendrai donc la liberté de revenir à ces terribles événements, mais seulement après avoir défini avec une plus grande clarté les termes de la discussion générale.

Liberté négative et liberté positive

Le concept de la liberté individuelle est loin d'être sans ambiguïtés. Isaiah Berlin a établi une distinction importante et décisive entre les conceptions « négative » et « positive » de la liberté[1]. Cette distinction se laisse interpréter de plusieurs façons. Une des interprétations a trait à la manière dont l'intervention d'un tiers peut rendre une personne « non libre » d'agir[2].

1. Isaiah BERLIN, *Four Essays on Liberty,* Oxford University Press, Oxford, 1969 ; trad. franç. *Éloge de la liberté,* Calmann-Lévy, Paris, 1988.

2. Sur ce point, voir Ronald DWORKIN, *Taking Rights Seriously,* Harvard University Press, Cambridge, Mass., 1977, essai 12, trad. franç. à paraître aux Presses universitaires de France ; Amartya SEN, « Rights and Agency », *Philosophy and Public Affairs, 11* (*hiver* 1982), repris *in* Samuel SCHEFFLER (éd.), *Consequentialism and Its Critics,* Oxford University Press, Oxford, 1988.

Selon cette distinction, la liberté, considérée en termes « positifs », représente ce qu'une personne, toutes choses prises en compte, est capable, ou incapable, d'accomplir. Une telle définition ne prête aucune attention particulière aux facteurs qui expliquent la situation en question : elle ne s'intéresse guère, par exemple, à la question de savoir si l'incapacité qu'éprouve une personne à réaliser quelque chose est due à des contraintes imposées par autrui ou par le gouvernement. En revanche, la conception « négative » de la liberté met au premier plan l'absence d'entraves à la liberté, entraves qu'un individu peut imposer à un autre (ou encore que l'État ou d'autres institutions peuvent imposer à des individus). Pour donner un exemple, si je ne peux pas me promener librement dans ce parc, parce que je suis handicapé, ma liberté positive de me promener est en défaut ; mais rien, dans un tel cas, ne suggère la moindre violation de ma liberté négative. En revanche, si je suis incapable de me promener dans ce parc, non parce que je suis handicapé, mais parce que des voyous me battraient si je m'y aventurais, alors, c'est là une violation de ma liberté négative (et pas seulement de ma liberté prise en un sens positif).

D'après cette interprétation, un peu différente de la dichotomie standard établie par Berlin, il est nécessaire qu'une violation de la liberté négative représente aussi un manque de liberté positive, mais l'inverse n'est pas vrai. Dans la littérature traditionnelle du courant « libertarien », c'est à la conception négative de la liberté qu'on a voulu prêter la plus grande attention, et certains ont, en fait, plaidé pour que l'emploi du terme « liberté » ne serve qu'à désigner l'interprétation négative de la liberté. D'un autre côté, plusieurs auteurs (d'Aristote à Karl

Marx, du Mahatma Gandhi à Franklin Roosevelt) se sont grandement intéressés aux libertés positives en général, et pas seulement à la liberté définie comme absence de contraintes.

Si nous accordons de l'importance au fait qu'une personne puisse mener la vie qu'elle choisit, alors c'est de la catégorie générale « liberté positive » que nous devons nous soucier. Si le fait d'être « libre de choisir » est d'une importance capitale, la liberté positive doit être une chose essentielle. Mais il ne faudrait pas comprendre cet argument en faveur de la liberté positive comme signifiant que la liberté négative ne devrait, elle, faire l'objet d'aucune attention particulière. Donnons un exemple. C'est en général une mauvaise chose pour une société qu'une personne ne soit pas à même de se promener dans tel ou tel parc ; or, il n'est pas contradictoire avec ce diagnostic de penser qu'une telle incapacité est, par rapport à l'organisation sociale, tout particulièrement critiquable quand elle résulte d'empêchement ou de menace venant d'autrui. L'interférence d'autrui dans la vie personnelle d'un individu a un caractère choquant – peut-être intolérable – qui va bien au delà du défaut de liberté positive qui en résulte.

Si l'on admet cela, alors la question de savoir s'il faut adopter une conception positive ou négative de la liberté n'a plus guère de sens. Car une définition adéquate de la liberté devra inclure à la fois la conception positive de la liberté et sa conception négative, toutes deux ayant de l'importance (quoique pour des raisons différentes).

En fait, étant donné les rapports existant entre les éléments caractéristiques d'une société, ces deux aspects de la liberté peuvent être articulés l'un à l'autre de plusieurs façons. Prenons le cas de Kader

Mian, le journalier assassiné que j'ai mentionné plus tôt. Sa mort lui a dérobé la liberté positive fondamentale de continuer à vivre comme il aurait choisi de le faire. C'est déjà assez malheureux. Mais ce qui rend cette tragédie encore plus triste tient au fait que c'est l'acte agressif d'un assaillant – et non les forces naturelles de l'âge ou de la maladie – qui fut à l'origine d'un pareil manque de liberté positive à continuer à vivre. Kader Mian n'est pas seulement mort. Il a été assassiné. À cause de cette réalité terrible de l'événement, nous voilà conduits de la conception positive de la liberté à sa conception négative. De plus, si Kader Mian avait écouté sa femme et s'il n'avait pas pris, à cause de la menace que représentaient les voyous de l'autre communauté, l'emploi rétribué qu'on lui offrait, alors il y aurait eu dans ce cas aussi une perte de liberté négative : la perte de la liberté d'accepter un emploi à cause de l'intervention (ici, de l'intervention meurtrière) d'autrui.

Mais il existe encore un autre trait caractéristique de l'articulation entre libertés positive et négative. Kader Mian a dû prendre le risque d'être tué par les voyous parce qu'il était pauvre et que sa famille avait faim. La pauvreté n'est pas en elle-même une violation de liberté négative. Certes, une personne plongée dans une pauvreté extrême n'est en aucune façon libre d'agir (elle n'est pas libre, par exemple, de bien nourrir sa famille ou de rester à la maison quand des émeutes menacent sa vie), mais il peut aussi arriver que la pauvreté et le manque de liberté positive qui en résulte ne soient pas dus à l'interférence d'autrui. Pourtant, c'est justement un tel manque de liberté positive qui a forcé Kader Mian à aller chercher un petit revenu dans un territoire ennemi et qui l'a fait en retour la cible de la violence des voyous. Le meurtre dont il a été victime fut sans doute l'ultime violation de sa liberté négative, mais ce sont, en premier lieu, sa pauvreté et le manque correspondant de liberté positive qui l'ont contraint à se rendre dans un quartier extrêmement dangereux pour lui.

Même s'il existe une différence réelle entre les aspects positifs et négatifs de la liberté, ces deux aspects peuvent être en fait totalement liés et imbriqués l'un à l'autre. La volonté de se focaliser sur un seul de ces deux aspects donne lieu à une démarche non seulement incomplète d'un point de vue éthique, mais qui peut être aussi socialement incohérente. Aussi la responsabilité de la société pour assurer la liberté individuelle doit-elle porter à la fois sur la liberté positive et sur la liberté négative, ainsi que sur l'intégralité de leurs relations réciproques.

Des famines et des libertés

Les rapports mutuels qui existent entre ces différents aspects de la liberté peuvent parfois adopter des formes assez complexes. Considérons le manque de la liberté positive fondamentale de survivre, manque très largement éprouvé lors d'une famine. La famine de 1943 au Bengale, à laquelle je me suis référé un peu plus tôt, était en fait la dernière famine d'importance qu'ait connue l'Inde. En effet, il n'y a pas eu de famines depuis l'indépendance, en dépit de sécheresses et d'inondations considérables, en dépit aussi d'autres catastrophes. Qu'est-ce qui a fait la différence ? Et, pour dépasser cette question, comment mettre un terme au fait que de terribles famines continuent à se produire dans le monde (en Afrique subsaharienne, par exemple) ?

J'ai signalé plus haut que la famine de 1943 s'est produite sans que les réserves de nourriture disponibles au Bengale aient été exceptionnellement faibles. Cette situation peut se retrouver également dans bien d'autres famines (ce fut le cas en Éthiopie, durant les famines de 1973 et du début des années quatre-vingt). Certaines famines sont en fait survenues alors que la quantité de nourriture était « au sommet de la courbe » (par exemple, durant la famine de 1974 au Bangladesh). Si l'on veut expliquer la famine, ce n'est pas la totalité de l'approvisionnement en nourriture qu'il faut considérer en premier lieu (même s'il s'agit là d'un facteur parmi d'autres), ce sont plutôt les « droits » dont sont dotés les groupes vulnérables, je veux parler des droits d'appropriation de la nourriture que ces groupes peuvent faire valoir[3]. On doit donc souligner toute l'importance des changements politiques et économiques qui privent certains groupes socioprofessionnels des moyens d'avoir accès à la nourriture. Ainsi, l'accroissement d'un chômage considérable qui prive une large part de la société des moyens de gagner un revenu, ou encore une hausse drastique des prix de la nourriture comparés au niveau des salaires, ou enfin une chute brutale du prix des produits de l'artisanat peuvent provoquer une famine de grande ampleur.

Il n'est donc en rien étonnant, à la lumière de ce diagnostic, que la politique qui consiste à compléter les revenus des personnes (en leur offrant, par

3. Voir Amartya SEN, *Poverty and Famines*, Oxford University Press, Oxford, 1981 ; Jean DRÈZE et Amartya SEN, *Hunger and Public Actions,* Oxford University Press, Oxford, 1981 ; Martin RAVALLION, *Markets and Famines,* Oxford University Press, Oxford, 1981.

exemple, un emploi public, ou en payant un salaire aux plus démunis qui sont à la recherche d'un travail) puisse se révéler un des moyens les plus efficaces d'empêcher les famines. C'est en fait de cette façon que les famines ont été, en Inde, systématiquement évitées depuis l'indépendance. Lorsque des groupes socioprofessionnels numériquement importants ont perdu leur capacité d'acquérir des revenus (par exemple, lorsque des travailleurs agricoles se sont retrouvés sans emploi à la suite d'une grave sécheresse ou d'une inondation), on a dans une très large mesure reconstitué le pouvoir d'achat que la population affectée avait perdu en lui offrant des emplois publics salariés. Cela s'est produit à plusieurs reprises dans différentes parties de l'Inde – en Bihar en 1967, à Maharashtra en 1973, dans l'ouest du Bengale en 1979, au Gujerat en 1987, et ainsi de suite. L'élimination des famines en Inde a été en grande partie le résultat de l'intervention publique conduite de façon systématique.

En fait, le projet d'ensemble d'une telle intervention publique avait déjà été conçu, pour l'essentiel, au moment de la domination britannique, en particulier dans les Codes de la famine de 1880. Si les procédures d'intervention ont été plus élaborées depuis, la stratégie de base, laquelle consiste à reconstituer le revenu, est essentiellement la même. Mais alors, pourquoi des famines continuent-elles à se produire en Inde jusqu'en 1943 ? Et pourquoi ne se produisent-elles plus après l'indépendance en 1947 ? Il est vrai que les procédures d'intervention sur la famine, qu'on trouve déjà présentes en gros traits dans les Codes de la famine, ne contribuent guère à soulager une famine si elles ne sont pas effectivement mises en pratique, et cela au bon moment. Au cours de la domination britannique, on n'a fait souvent appel que bien tard aux Codes de la famine. Et il est arrivé, comme ce fut le cas de la famine de 1943 au Bengale, que les Codes de la famine n'aient été ni mentionnés ni appliqués. En revanche, depuis l'indépendance, les mesures de prévention de la famine ont été très rapidement mises en place chaque fois que s'est présentée la menace d'une famine potentielle.

Qu'est-ce qui peut expliquer un tel contraste ? J'ai essayé de montrer ailleurs que la différence essentielle est due à la nature pluraliste, démocratique, de l'Inde d'après l'indépendance. Grâce à l'existence d'une presse relativement libre, d'élections périodiques, de partis d'opposition actifs, aucun gouvernement ne peut échapper à une sévère sanction s'il diffère l'application des mesures préventives et s'il laisse se produire une véritable famine. Et à cause de cela, les gouvernements doivent faire très attention[4].

Le contraste est donc net non seulement avec l'Inde d'avant l'indépendance, mais aussi avec de nombreux pays de l'Afrique subsaharienne où les gouvernements ne se soucient aucunement des menaces émanant de partis d'opposition et où les journaux sont loin d'être libres. La famine qui s'est produite en Chine de 1958 à 1961, au cours de laquelle entre vingt-trois et trente millions de personnes sont mortes, se trouvait en partie due au fait que des politiques gouvernementales désastreuses continuaient d'être appliquées ; et cet état

4. « How India is doing? » *The New York Review of Books*, 16 décembre 1982 ; *Resources, Values and Development*, Blackwell and Harvard University Press, Cambridge, Mass., 1984.

de choses était lui-même rendu possible par la nature non démocratique du système politique chinois. Pendant trois ans, en dépit de conditions de famine intense, les politiques officielles n'ont été, pour l'essentiel, aucunement remises en cause. Le gouvernement ne s'est pas senti menacé. Il n'y avait pas de partis d'opposition. Aucun journal ne critiquait les mesures officielles. D'ailleurs, en général, la famine n'était même pas mentionnée dans la presse soumise au contrôle de l'État, en dépit du massacre qui se produisait dans tout le pays. Au cours de la terrible histoire des famines survenues dans le monde, il est en fait difficile de trouver le cas d'une famine qui se soit produite dans un pays doté d'une presse libre et d'une opposition active, au sein d'un système démocratique. Si l'on admet cette analyse, alors il faut considérer que ce sont les différentes libertés politiques existantes au sein d'un État démocratique, y compris la liberté de tenir des élections régulières, l'existence d'une presse libre et la liberté de parole (sans prohibition ni censure gouvernementales) qui incarnent la véritable force responsable de l'élimination des famines. Ici encore, il apparaît qu'il existe un lien causal entre un ensemble défini de libertés – la liberté de critiquer, de publier, de voter – et d'autres types de libertés, telles la liberté de ne pas être victime de la faim et celle de ne pas mourir de la famine. Les libertés négatives dont sont dotés les journaux et les partis d'opposition (libertés de critiquer, de publier, de faire campagne) savent se révéler efficaces pour sauvegarder les libertés positives élémentaires de la population vulnérable.

Le calcul utilitariste contre la liberté ?

Souligner l'importance de la liberté, qu'elle soit positive ou négative, comme base de l'évaluation sociale peut aussi s'opposer à d'autres façons de concevoir une telle évaluation, par exemple, à l'utilitarisme. La tradition utilitariste considère que l'essentiel n'est pas dans la liberté d'accomplir, mais dans les résultats accomplis. En outre, l'utilitarisme évalue les résultats en question en fonction d'une caractéristique mentale : le plaisir ou le désir (l'« utilité »). Certes, il existe, dans l'ensemble de la perspective utilitariste, des différences considérables. Par exemple, selon qu'on évalue une réalisation par le degré auquel des plaisirs en découlent ou bien par l'intensité des désirs qu'elle satisfait, on aboutira à des conclusions différentes. Mais derrière ces types de stratégies distincts, on retrouve une stratégie commune qui consiste à se focaliser sur les résultats, d'une part, et à les évaluer en fonction de certaines caractéristiques mentales des personnes concernées (par exemple, le plaisir ou le désir), d'autre part. La tradition utilitariste – développée par Jeremy Bentham, John Stuart Mill et d'autres – a exercé une considérable influence sur les études sociales. Grâce à elle, l'évaluation des politiques concurrentes est devenue une affaire systématique et ordonnée. Les conséquences du raisonnement utilitariste ont été, de façon approfondie, étudiées et mises en pratique par des économistes, des analystes de la société et des administrateurs de la chose publique. Quelques-uns des changements sociaux dont la tradition utilitariste fut responsable (à commencer par les premières réformes des prisons en Grande-Bretagne, réformes auxquelles

Bentham lui-même a témoigné un grand intérêt) non seulement ont réduit la quantité de souffrance et accru celle de bonheur, mais ils ont en général contribué, entre autres effets, à accroître les libertés dont disposent les individus. Il reste que ces accroissements de la liberté, quand ils ont effectivement eu lieu, n'étaient que le produit incident du plaidoyer utilitariste. Car la liberté prise en tant que telle n'est pas une valeur entrant en ligne de compte dans le calcul utilitariste. Aussi, en d'autres occasions, il est arrivé que les prescriptions utilitaristes se trouvent en conflit avec les exigences de la liberté individuelle. Ces conflits sont dus à plusieurs raisons ; par exemple, le paternalisme qu'il peut y avoir à organiser la société de façon à conduire les individus à des résultats qui maximisent l'utilité ; cela au lieu de les laisser avec davantage de liberté, y compris la liberté de faire des erreurs.

Mais on rencontre aussi une autre difficulté qui, cllc, a trait aux distorsions produites lorsque les caractéristiques mentales du plaisir ou du désir s'adaptent à des situations d'inégalité persistante. Dans une situation où la disparité des conditions et l'inéquité durent depuis longtemps, ceux qui sont en bas de l'échelle peuvent en arriver à considérer leur sort comme une chose à laquelle il est quasiment impossible d'échapper, et qu'il faut supporter avec placidité et calme. Ils apprennent à adapter leurs plaisirs et leurs désirs en conséquence, puisque cela n'a guère de sens d'aspirer à des choses inaccessibles, choses dont ils n'ont d'ailleurs pas lieu, le plus souvent, de considérer avec attention l'éventualité. Pour ceux qui, démunis de façon chronique, manquent du courage de désirer beaucoup plus que ce qu'ils ont et qui retirent toute la joie qu'ils peuvent des moindres circonstances favorables, le calcul utilitariste est d'une partialité fondamentale puisque, par rapport à ce critère faussé des plaisirs et des désirs, leurs privations semblent moins aiguës. Le critère de l'utilité peut empêcher l'éthique sociale d'apprécier l'intensité de la privation subie par ceux qui louent leur travail de façon précaire, par ceux qui sont régulièrement sans emploi, par le *coolie* surchargé de travail ou par la ménagère totalement soumise, qui tous ont appris à contrôler leurs désirs et à tirer le meilleur parti possible des moindres soulagements qu'il leur est donné d'éprouver.

Bien qu'une telle question nous conduise aux racines mêmes du calcul utilitariste, le problème n'est pas seulement théorique ; il comporte aussi de sérieuses conséquences pratiques. Je donnerai un exemple de cela en évoquant ici les deux principaux échecs sociaux qu'a connus mon propre pays, l'Inde. Le premier échec a trait à l'inégalité des sexes, à la disparité de conditions entre les hommes et les femmes. Il est certain que ce n'est pas seulement en Inde que les femmes sont désavantagées, et quantité de données montrent qu'il existe, dans de nombreuses régions du monde (par exemple, dans la plupart des pays de cette large bande qui s'étend de l'Asie de l'Ouest à la Chine), une inégalité selon le sexe qui touche presque tous les domaines, même les domaines élémentaires de la santé et de l'alimentation. Mais on a procédé en Inde à des comparaisons très détaillées (j'ai d'ailleurs moi-même pris part à certaines de ces études comparative[5]) entre les taux de morta-

5. *Resources, Values and Development; Commodities and Capabilities*, North Holland, Amsterdam, 1985.

lité, de morbidité, de recours aux traitements hospitaliers, entre les degrés d'attention portée à l'alimentation ; or, en dépit de variations d'une région à l'autre de l'Inde, ces comparaisons confirment très nettement un tableau d'ensemble où les femmes sont, dans la plus grande partie du pays mais surtout dans l'Inde rurale, systématiquement désavantagées par rapport aux hommes. Toutefois, le diagnostic selon lequel il y a là une considérable inégalité entre les sexes et qu'il est donc besoin d'une réforme urgente, s'est trouvé vigoureusement contesté. On a souligné, non sans plausibilité, que les femmes de l'Inde rurale n'envient pas, en règle générale, la position des hommes, qu'elles ne voient pas leur propre situation comme une situation d'inégalité pénible et qu'elles n'aspirent pas non plus à une réforme de leur condition. Même si le fait que la population rurale se politise modifie peu à peu cette image d'une condition immuable (c'est d'ailleurs là une modification à laquelle les mouvements de femmes, qui se sont récemment développés, contribuent de façon décisive), cette observation empirique est en gros correcte pour décrire la situation actuelle dans l'Inde rurale. Il serait en effet difficile de prétendre qu'il existe, en ce moment, parmi les femmes de l'Inde rurale, un mécontentement largement répandu eu égard à l'inégalité des sexes, ou un désir ardent de changement radical. Mais le vrai problème concerne à présent l'interprétation de cette observation empirique et la portée qu'on peut lui reconnaître. Les femmes de l'Inde rurale sont en effet objectivement moins libres d'agir que ne le sont les hommes ; or, rien dans l'histoire du monde n'indique que les femmes, lorsqu'elles parviennent à vivre libres, accordent moins de valeur que les hommes à la liberté (au lieu de la considérer comme « irréalisable » ou « non naturelle »). Si l'on admet que la liberté individuelle – dans laquelle il faut inclure la liberté d'évaluer sa propre situation et la possibilité de la changer – est une valeur essentielle, ni l'absence de mécontentement actuel, ni celle d'un désir radical de changement ne peuvent effacer la portée morale d'une telle inégalité entre les sexes. Et, s'il peut arriver que les défenseurs de l'état de choses actuel trouvent soutien et réconfort dans certaines interprétations au moins du calcul utilitariste, une telle défense du *statu quo* ne peut subsister quand on fait de la liberté individuelle une responsabilité sociale. Puisque l'inégalité et l'exploitation persistantes s'épanouissent souvent en faisant de ceux qui sont maltraités et exploités des alliés passifs, la divergence entre un raisonnement fondé sur l'utilité et un raisonnement centré sur la liberté se révélera à la fois nette et d'une portée considérable.

Le second exemple a trait à l'existence de l'analphabétisme en Inde. Depuis l'indépendance en 1947, l'Inde a fait de considérables progrès en matière d'éducation supérieure, mais a étonnamment peu progressé dans le domaine de l'instruction élémentaire. Lors du dernier recensement, réalisé en 1981, il est apparu que 41 % seulement de la population adulte était alphabétisée, et 28 % seulement de la population féminine. On n'a jamais accordé à l'instruction élémentaire l'importance qui était reconnue, dans la politique de l'Inde, à d'autres objectifs sociaux. De nombreux facteurs expliquent cet échec. Mais un argument souvent mis en avant est que les analphabètes indiens ne vivent pas comme un grand malheur leur condition d'analphabètes, et que le fait d'avoir accès à l'instruction ne figure pas au nombre des désirs les plus intenses d'un Indien privé de tout.

Cette description de l'état mental d'un Indien analphabète est peut-être exacte. Mais l'analphabétisme représente aussi un manque de liberté – non seulement le manque de liberté de lire, mais aussi la suppression de toutes les autres libertés qui dépendent de la communication écrite. Dans ce cas encore, une éthique sociale centrée sur la liberté nous conduira dans une direction tout à fait différente de celle où nous mènent des calculs sociaux fondés sur les plaisirs et les désirs.

De la liberté par rapport aux moyens de la liberté

La tradition utilitariste s'est trouvée récemment être l'objet de critiques inspirées par plusieurs perspectives distinctes. John Rawls et Bernard Williams, parmi d'autres, ont présenté des critiques décisives des principes fondamentaux du raisonnement utilitariste[6]. On s'est aussi intéressé à plusieurs autres systèmes de philosophie rivaux de l'utilitarisme (dont les explorations d'envergure menées, entre autres, par James Buchanan, Ronald Dworkin, et Robert Nozick, sur tel ou tel aspect des procédures libérales et libertariennes[7]).

---

6. John RAWLS, *A Theory of Justice,* Harvard University Press, Cambridge, Mass., 1971, trad. franç., Seuil, Paris, 1987 ; Bernard Williams, *Ethics and the Limits of Philosophy,* Fontana Press, 1985, trad. franç., Gallimard, Paris, 1990.

7. James BUCHANAN, *Liberty, Market and the State,* Wheatsheaf Books, 1986 ; Ronald DWORKIN, *A Matter of Principle,* Harvard University Press, Cambridge, Mass., 1985 ; Robert NOZICK, *Anarchy, State and Utopia,* Basic Books, 1974, trad. franç., Presses universitaires de France, Paris, 1988.

Il est peut-être utile de comparer la façon dont j'aborde le problème, et que j'essaie de présenter ici, avec certains traits de la théorie de la justice de John Rawls, théorie considérable en ses conséquences et qui a grandement contribué à une refonte radicale de la philosophie politique et de l'éthique modernes. La théorie rawlsienne de la justice a effectivement beaucoup fait pour attirer l'attention sur l'importance politique et éthique de la liberté individuelle. Les « principes de justice » que Rawls propose sauvegardent la « priorité » de la liberté individuelle, sous réserve qu'une liberté semblable soit donnée à tous. La manière dont Rawls rend compte de l'inégalité met au premier plan non la distribution de l'« utilité », mais celle des « biens premiers ». Ces biens sont les moyens qui, tels le revenu, la richesse, les libertés publiques, etc., aident les individus à poursuivre librement leurs objectifs respectifs.

Toutefois, comparer les biens premiers dont disposent des individus différents ne revient pas tout à fait à comparer les libertés dont jouissent réellement différentes personnes, même si ces deux choses entretiennent sans doute d'étroits rapports entre elles. Les biens premiers sont des moyens de liberté, mais, étant donné la diversité des façons dont les êtres humains convertissent les biens premiers en liberté de poursuivre leurs objectifs respectifs, ces biens ne peuvent représenter l'étendue de la liberté. On a vu en effet qu'avec les différences – différences de sexe, d'âge, dans les traits hérités, dans les environnements, etc. – qui peuvent prévaloir au sein d'un groupe d'individus ou par rapport à un autre groupe, une distribution égale de biens premiers peut s'accompagner de niveaux de liberté très différents. Ainsi, le fait que des êtres affligés d'incapacités physiques possèdent une quantité égale de biens premiers ne les empêche pas d'être moins libres de poursuivre leur propre bien-être. De plus, les personnes souffrant d'infirmités peuvent non seulement être handicapées dans la poursuite de leur bien-être, mais elles peuvent aussi se trouver désavantagées – à moins de bénéficier de facilités particulières – quant au rôle qu'elles jouent dans le choix des institutions sociales communes et quant à l'influence qu'elles exercent sur les décisions de politique générale (ces décisions n'ayant pas nécessairement de rapport avec leur propre handicap).

Et même si de nombreux handicaps restent rares, les êtres humains témoignent en général d'une réelle diversité dans leurs caractéristiques personnelles et dans les traits de leur environnement. Ainsi, nous différons grandement les uns des autres par l'âge, l'énergie, le sexe, les besoins physiques (la grossesse, par exemple, impose des besoins spécifiques) ; nous différons en vulnérabilité aux maladies, que celles-ci soient héréditaires ou liées à l'environnement dans lequel nous vivons, et ainsi de suite. Or toutes ces variations ont un effet sur la mesure dans laquelle chacun de nous pourra en sa propre vie, à l'aide d'un ensemble défini de biens premiers, bâtir sa liberté. Si l'on considère que l'hétérogénéité des personnes et des environnements représente une donnée dont la pertinence est générale, notre dessein de comparer les libertés dont les personnes disposent effectivement ne se trouvera guère servi par une pareille focalisation sur les biens premiers (même si celle-ci convient assez bien aux objectifs que Rawls poursuit).

Au lieu donc de se focaliser sur les biens premiers ou sur les ressources dont les individus disposent, on peut centrer l'analyse sur les vies réelles que des individus peuvent choisir de vivre, vies qui représentent différents modes du fonctionnement humain. Parmi ces modes de fonctionnement, certains sont très élémentaires – par exemple, être convenablement nourri, être en bonne santé, etc. – et tout être humain est susceptible, pour des raisons évidentes, de leur reconnaître une grande valeur. D'autres modes du fonctionnement humain sont plus complexes, bien que leur valeur soit encore largement reconnue : par exemple, ressentir de l'estime pour soi-même ou participer à la vie de sa communauté. Même le mode de fonctionnement cher aux utilitaristes – à savoir, être heureux – en fait partie ; seulement, il ne représente qu'un mode de fonctionnement parmi d'autres (au lieu de fournir le critère grâce auquel on pourrait évaluer tous les accomplissements humains, comme dans le raisonnement utilitariste qui ne tient compte que du bonheur). Toutefois, les individus témoignent d'une grande différence dans l'importance qu'ils attachent aux différents modes du fonctionnement humain – même s'ils peuvent leur reconnaître à tous de la valeur – et une théorie de la justice fondée sur la liberté doit être attentive à toutes ces différences (il existe d'ailleurs diverses techniques d'analyse qui permettent de les prendre en compte).

La liberté de mener différentes sortes de vies correspond exactement à l'ensemble formé par différentes combinaisons de fonctionnements humains, ensemble en lequel une personne est à même de choisir sa vie. C'est ce qu'on peut appeler la « capabilité » de la personne. La « capabilité » d'une personne dépend de nombreux éléments qui comprennent aussi bien les caractéristiques personnelles que l'organisation sociale. La responsabilité de la société à l'égard de la liberté individuelle impose qu'on attache de l'importance à l'accroissement des « capabilités » dont disposent réellement des personnes différentes. Et le choix de l'organisation sociale doit être fait en fonction de sa capacité à promouvoir les « capabilités » humaines. Certes, si l'on veut rendre pleinement compte de la liberté individuelle, il faut aller au-delà des « capabilités » liées aux conditions de vie personnelle et prêter attention aux autres objectifs que la personne se donne (par exemple, à ses objectifs sociaux qui n'entretiennent pas de rapport direct avec sa vie personnelle), mais le fait d'accroître les « capabilités » humaines doit jouer un rôle essentiel dans la promotion de la liberté individuelle.

L'intervention sociale et la nature de la pauvreté

Mettre au premier plan non plus les biens premiers et les ressources, mais les « capabilités » et les libertés peut produire une différence considérable dans la façon d'aborder l'analyse empirique des inégalités sociales. Pareil changement de perspective peut en effet, pour des raisons que nous avons considérées plus haut, avoir des conséquences sur l'évaluation des inégalités liées au sexe, à la classe sociale, aux handicaps, au lieu où l'on vit. Puisque, dans le monde d'aujourd'hui, ces questions figurent au nombre des plus importantes questions sociales, les différences pratiques ainsi induites seront loin d'être négligeables. Un tel changement d'orientation ne sera pas non plus sans pertinence pour aborder d'autres problèmes liés à l'évaluation des inégalités : par exemple, comment choisir les critères qui permettront de mesurer les désavantages et la pauvreté ; autrement dit, faut-il considérer la pauvreté en termes de faible revenu (un manque de ressources) ou de liberté insuffisante de mener une vie convenable (un manque de « capabilité »)? À titre d'exemple, on peut dire d'une personne qui n'est pas particulièrement pauvre en termes de revenu mais qui doit dépenser l'essentiel de ce revenu en dialyse que cette personne est victime de la pauvreté, pauvreté due au fait que la liberté dont cette personne dispose pour accéder aux modes du fonctionnement humain les plus désirables est une liberté réduite. Dans l'étude des niveaux de vie en général et de la pauvreté en particulier, il est tout à fait essentiel de tenir compte des différentes façons de convertir revenus et biens premiers en « capabilités » et libertés.

Il n'est aucunement nécessaire que ces différences reflètent toujours des caractéristiques personnelles immuables ; elles se rapportent parfois à des conditions sociales sur lesquelles la politique publique peut avoir une influence. L'état de la santé publique, en particulier, et celui de l'environnement épidémiologique peuvent affecter profondément la relation entre le revenu personnel et la liberté de jouir d'une bonne santé et d'une longue vie. Quelques-uns des pays les plus riches échouent lamentablement à prendre les mesures publiques appropriées. À titre d'exemple, les dispositions sociales en faveur de la santé publique qui existent aux États-Unis sont plus insuffisantes que celles qu'on trouve dans bon nombre d'autres pays beaucoup plus pauvres, et cette insuffisance affecte tout particulièrement des groupes précis, tels les Noirs. Les États-Unis peuvent bien être, avec leur produit national brut par habitant, le deuxième pays le plus riche du monde, il reste que l'espérance de vie moyenne dont dispose la population des États-Unis est plus faible que celle des habitants de douze autres pays. Et là, pour occuper la treizième place, les États-Unis sont à égalité avec une demi-douzaine de pays (voir la table I du *World Development Report 1989* de la Banque mondiale).

Les disparités qui existent à l'intérieur de cette moyenne sont aussi tout à fait remarquables. Par exemple, dans le groupe d'âge des vingt-cinq à cinquante-quatre ans, les Noirs ont un taux de mortalité deux à trois fois plus élevé que celui des Blancs, et la moitié seulement de cet excès de mortalité[8] peut s'expliquer par des différences de revenus. Dans le quartier noir de Harlem à New York, les hommes ont moins de chances d'atteindre l'âge de quarante ans que dans un Bangladesh affamé[9]. Et cela en dépit du fait que, si l'on prend le revenu individuel, les habitants de Harlem sont beaucoup plus riches que ceux du Bangladesh.

Si l'on admet que la liberté individuelle (y compris la liberté positive de vivre sans mourir trop tôt) est une responsabilité sociale, alors il faut, aux États-Unis, prêter une attention beaucoup plus grande à la façon dont sont dispensés les soins de santé et l'éducation. Si l'on considère les différents pays du monde, on constate des différences notables entre les niveaux de revenus et les « scores » de santé des personnes ; or, ces différences sont souvent en rapport avec la nature des dispositions sociales grâce

---

8. Voir M. W. OTTEN *et al.*, « The Effect of Known Risk Factors on the Excess Mortality of Black Adults in the United States », *in The Journal of the American Medical Association*, 9 février 1990.

9. Voir MCCORD et H. P. FREEMAN, « Excess Mortality in Harlem », *The New England Journal of Medecine*, 18 janvier 1990.

auxquelles les soins de santé, l'instruction élémentaire et parfois même la nourriture sont accessibles. L'expérience de pays aussi divers que la Chine, le Costa Rica, la Jamaïque, la Corée du Sud, le Sri Lanka et l'État de Kerala en Inde montre clairement comment le fait de procéder à une planification en faveur de la santé publique, ainsi que diverses politiques publiques destinées à améliorer la «capabilité» des personnes à vivre longtemps en dépit de leurs faibles revenus, peut avoir de considérables effets. Il est aussi tout à fait instructif de remarquer que le mouvement en faveur d'une économie de marché qui a marqué depuis les réformes de 1979 l'économie rurale de la Chine, a provoqué, d'une part, un accroissement majeur de la productivité agricole, mais a conduit, d'autre part, au déclin du système très étendu des soins publics de santé. C'est précisément au moment où la production de nourriture et la production agricole par habitant ont connu, au début des années quatre-vingt, un bond en avant que les taux de mortalité ont cessé de diminuer avec la rapidité qui avait été la leur dans la période précédant la réforme.

Les limitations que comporte le mécanisme du marché quant à sa capacité à distribuer les soins de santé et l'éducation font en réalité depuis longtemps l'objet de discussions chez les théoriciens de l'économie (par exemple, chez Paul Samuelson et Kenneth Arrow[10]). Mais il est facile de perdre de vue ces problèmes dans l'euphorie qui se répand aujourd'hui quant à l'économie de marché. Le

10. Paul A. SAMUELSON, «The Pure Theory of Public Expanditure», *Review of Economics and Statistics 35*, novembre 1954 ; Kenneth J. ARROW, «Uncertainty and the Welfare Economics of Health Care», *American Economic Review 53,* 1963.

marché peut être en effet, dans beaucoup de domaines, un puissant allié de la liberté individuelle, mais la liberté de vivre longtemps sans être victime d'une morbidité ou d'une mortalité évitables exige qu'on ait recours à une catégorie plus large d'instruments sociaux.

Le choix social et la liberté

Une conception de la responsabilité sociale qui ferait de la liberté individuelle l'objectif premier peut entrer en conflit avec d'autres principes de décision sociale, même si cette conception se révèle compatible avec certains de ces principes. La question de la compatibilité et du désaccord entre des principes différents de décision sociale peut soulever des problèmes complexes ; ceux-ci ont d'ailleurs été très largement abordés par une discipline contemporaine, la théorie du choix social. Cette discipline a en fait une longue histoire, qui remonte aux écrits des mathématiciens français du XVIIIe siècle, comme Borda et Condorcet, mais son renouveau actuel est en grande partie dû au travail de pionnier accompli par Kenneth Arrow[11]. Même si Arrow s'est, quant à lui, essentiellement intéressé au fait d'établir l'incompatibilité de quelques-uns des principes généraux, couramment préconisés, du choix social, les méthodes d'analyse dont il a été le précurseur peuvent servir, de façon positive aussi bien que négative, pour savoir si un ensemble précis de principes différents peut ou ne peut pas être composé

11. Kenneth ARROW, *Social Choice and Individual Values*, Wiley, 1951, 2e éd., 1963.

sans contradiction et donner lieu à des choix sociaux cohérents. Mes propres contributions en ce domaine ont porté à la fois sur les sources et les conséquences de l'incompatibilité entre les principes et sur la possibilité de les réconcilier[12].

Il apparaît que bien des conflits entre différents principes de décision sociale proviennent en dernier ressort de divergences quant à ce qu'on peut appeler les « bases d'information » de ces principes respectifs[13]. Chaque principe de choix social sélectionne implicitement certains faits comme étant en eux-mêmes pertinents, tandis que d'autres faits sont vus comme dépourvus de pertinence ou n'ont qu'une importance dérivée. Le principe de Pareto, par exemple, tant utilisé en économie, et qui n'est apparemment sujet à aucune controverse, ne se rapporte qu'à l'information « utilité » (à savoir, le plaisir, la satisfaction du désir) : selon ce principe, tout changement social qui accroîtrait l'utilité de tous serait nécessairement juste. Il n'est pas surprenant que, dans des circonstances particulières, le principe de Pareto puisse entrer en conflit avec des exigences, même très minimales, de respect de la liberté personnelle, puisque ce principe n'attache aucune importance intrinsèque à cette liberté personnelle (il ne reconnaît à la liberté que le pouvoir dont celle-ci est dotée de façon indirecte et dérivée du fait de son association contingente avec l'utilité).

---

12. *Collective Choice and Social Welfare*, Holden-Day, 1970, republié par North Holland, Amsterdam, 1979 ; *Choice, Welfare and Measurement, op. cit.* ; « Social Choice Theory », *in* K. J. ARROW et M. INTRILAGATOR (éd.), *Handbook of Mathematical Economics*, North Holland, Amsterdam, 1986.

13. Amartya SEN, « On Weights and Measures : Informational Constraints in Social Welfare Analysis », *Econometrica 45*, octobre 1977, et *Choice, Welfare and Measurement, op. cit.*

La compatibilité des principes dépend souvent du degré auquel il est possible de combiner ensemble, dans l'élaboration des décisions sociales, des catégories d'information distinctes. C'est précisément sur ce point que le sujet de cet essai n'est pas sans rapport avec les écrits qui traitent du choix social. En effet, l'utilitarisme tient compte des seules informations relatives aux plaisirs individuels, aux désirs, etc. Or, si l'on admet, comme j'ai voulu le montrer plus haut, qu'il faut se focaliser sur les libertés individuelles plutôt que sur l'utilité, des comparaisons entre les libertés dont jouissent différentes personnes devraient nous fournir la base d'information agrégative requise pour le choix social. La primauté accordée à la liberté individuelle entrera souvent en conflit avec d'autres principes de choix social dotés de bases d'information différentes, qu'il s'agisse de l'utilitarisme, de la maximalisation des richesses ou de la recherche de l'opulence économique. Comme le courant libertarien – ainsi qu'on le définit couramment – s'occupe exclusivement des seules libertés négatives, une conception de la responsabilité sociale à l'égard de la liberté individuelle (laquelle comprend à la fois les libertés positives et négatives) entrera aussi bien en conflit avec le libertarianisme. De façon similaire, la même conception s'opposera également à toute poursuite exclusive des libertés positives qui néglige les libertés négatives. Il n'y a pas lieu de s'étonner de ces conflits, puisque argumenter en faveur de la primauté donnée à la liberté individuelle, largement définie, c'est rejeter les prétentions de l'utilité, de la richesse, de la liberté, négative ou positive, à faire l'objet d'un intérêt exclusif, même si ces différents termes sont à considérer, parmi d'autres, dans la quête générale de la liberté.

Dans cette conception d'ensemble d'une responsabilité sociale à l'égard de la liberté individuelle, il est sûr qu'on pourra trouver des points de vue différents sur la valeur à reconnaître aux différents aspects de la liberté, par exemple, respectivement, aux libertés positives et négatives. Il n'y a en effet aucune raison de considérer que l'adoption de cette perspective générale empêche les différences de points de vue sur ce sujet. On peut reprendre en effet la même base d'information dont dépendent les libertés individuelles (celles-là étant largement définies) tout en faisant varier l'importance accordée aux différents composants. Bien qu'elle rejette avec fermeté l'utilitarisme, le libertarianisme, la maximalisation des richesses, etc., la conception générale qui souligne la responsabilité de la société envers la liberté individuelle est compatible avec une hétérogénéité considérable dans l'évaluation différenciée d'éléments distincts.

Responsabilité sociale et inégalité

Dans le présent essai, j'ai cherché à savoir ce que représente le fait d'aborder l'éthique sociale en insistant sur l'importance de la liberté individuelle comme lieu de la responsabilité sociale, et quelles en sont les conséquences. Cette façon de faire soulève des questions d'interprétation : par exemple, nous faut-il adopter une conception négative ou positive de la liberté ? (j'ai essayé de montrer qu'il faut se servir des deux et qu'elles sont à considérer comme étant étroitement liées et articulées l'une à l'autre). Se posent aussi des questions de justification, qui amènent à comparer cette conception, surtout à l'utilitarisme et à la théorie rawlsienne de la justice (et j'ai sur ce point voulu souligner les avantages qu'il y avait à adopter un point de vue nettement centré sur la liberté).

Puisque la liberté individuelle n'est pas seulement une valeur sociale majeure, mais aussi un produit essentiellement social, les avancées que je propose ici comportent certaines conséquences directes et indirectes pour le choix des institutions sociales comme de la politique publique, et j'ai essayé de considérer quelques-unes de ces conséquences. Il faut toutefois bien souligner que la perspective d'ensemble qui consiste à voir la liberté individuelle comme une responsabilité sociale ne supprime aucunement la nécessité d'affronter les problèmes dus aux conflits entre groupes et entre individus. Comme Ralf Dahrendorf l'a montré, nous ne pourrons même pas apprécier l'avenir de la liberté politique et sociale si nous ne voyons pas clairement les conflits qui dans la société moderne nous entourent de toutes parts [14].

Il est évident que, lorsqu'on aborde cette question des conflits en se fondant sur la liberté, les principes distributifs sont pertinents et, en ce domaine comme en d'autres, il faut faire face au conflit où s'opposent le souci d'efficacité et celui d'équité. En outre, même lorsque des principes distributifs sont adoptés comme principes des décisions sociales, il ne faut pas considérer qu'en les adoptant on se débarrasse des conflits entre personnes et entre groupes. Les principes distributifs traitent les conflits plutôt qu'ils ne les éliminent. Si, par exemple, un principe de justice sociale donne la priorité au fait

---

14. Ralf DAHRENDORF, *The Modern Social Conflict*, Weidenfeld and Nicholson, Londres, 1988.

d'accroître la liberté du groupe le plus désavantagé, alors c'est là une façon de répondre au conflit et non un moyen de le déraciner. L'organisation sociale a pour tâche majeure de reconnaître les conflits d'intérêts et ensuite de leur trouver une solution équitable, en pourvoyant à de plus justes distributions de libertés individuelles.

Mais, si les conflits d'intérêts sont très radicaux et très répandus, la possibilité pratique et la création effective d'une juste organisation sociale peuvent soulever de profonds problèmes. Il y a ici des raisons d'être sceptique, mais l'étendue et l'intensité de ce scepticisme doivent dépendre de la représentation qu'on a des êtres humains comme personnes sociales. S'il est vrai que les individus, sans répit ni compromis, promeuvent seulement leurs intérêts personnels étroits, alors la poursuite de la justice sera entravée à chaque pas par l'opposition de ceux qui ont quelque chose à perdre à tout changement proposé. Si, par ailleurs, les individus ont, en tant que personnes sociales, des valeurs et des objectifs plus larges, y compris la sympathie pour autrui, et un engagement à l'égard des normes éthiques, alors il n'est pas inévitable que la promotion de la justice sociale soit, à chaque pas en avant, confrontée à une opposition acharnée.

Nombreuses sont les théories économiques et sociales contemporaines où les êtres humains sont considérés comme les stricts maximisateurs d'un intérêt personnel étroitement défini ; et à voir l'implacable compulsion dont ces êtres seraient dotés, on peut à juste titre montrer un certain pessimisme devant toutes les dispositions sociales destinées à réduire l'inégalité. Ce « modèle » d'êtres humains est non seulement déprimant et effrayant, mais il y a aussi très peu de données qui nous prouvent que ce soit là une bonne représentation de la réalité. Les individus sont influencés non seulement par la perception de leurs propres intérêts, mais aussi, comme le montre Albert Hirschman, par leurs passions[15]. En effet, au nombre des choses qui semblent capables d'ébranler les hommes, que ce soit à Prague, à Paris, à Varsovie, à Pékin, à Little Rock ou à Johannesburg, il y a le souci des autres et le respect pour les idées.

L'efficacité de la presse et des moyens d'information comme facteurs de la sensibilisation politique et comme moyens d'assurer la sécurité économique, ce dont j'ai parlé un peu plus haut, serait impossible à comprendre si les hommes se limitaient vraiment à la poursuite de leurs intérêts personnels étroits. Au contraire, si les nouvelles de la famine, publiées dans les journaux, provoquent l'indignation du public et exercent une pression sur le gouvernement, c'est précisément parce que les hommes ne sont pas indifférents à ce qui arrive aux autres.

Les informations publiées sur la discrimination, la torture, la misère, le dénuement aident au rassemblement des forces opposées à ces fléaux ; elles amplifient le mouvement d'opposition des victimes elles-mêmes jusqu'à un public général. Une telle chose n'est possible que parce que des individus ont la capacité et la disposition de réagir à la situation difficile où se trouvent les autres. Cela ne veut pas dire bien sûr qu'il serait très facile de transformer les inégalités de liberté existantes en quelque chose de moins inégal et de moins injuste. Mais cela

---

15. Albert O. HIRSHMAN, *Rival Views of Market Society*, Viking, 1986.

suggère que la possibilité et la réalité de répartitions plus équitables en matière de libertés individuelles ne sont pas inévitablement menacées de façon décisive, simplement parce qu'existent des conflits d'intérêts.

L'enjeu le plus immédiat est de repenser les problèmes que soulève le souci conjoint de l'efficacité sociale et de l'équité en mettant au premier plan les libertés individuelles. Le présent essai a été essentiellement consacré à cette dernière question, plus élémentaire encore.

Responsabilité sociale et démocratie : l'impératif d'équité et le conservatisme financier *

Cet essai a pour objet un conflit – réel ou pour le moins supposé – qui se situe au cœur des politiques économiques et sociales contemporaines et qui revêt une importance particulière dans le débat politique européen. Il s'agit de la tension entre les « responsabilités publiques » de la société, d'un côté, et la nécessité d'une certaine modération financière, de l'autre. On s'accorde à reconnaître l'importance et l'étendue de la responsabilité des sociétés modernes à l'égard de leurs membres (surtout lorsqu'il s'agit de leurs citoyens les plus défavorisés, exposés à la pauvreté, à la maladie, à la vieillesse ou au chômage), mais honorer pleinement les engagements que cette responsabilité implique peut entraîner des coûts économiques élevés, et par conséquent soulever des problèmes de stabilité financière et de viabilité économique. Ceux qui prônent une responsabilité sociale étendue se heurtent donc régulièrement à ceux qui accordent la priorité à la prudence et à la modération financière (en particulier sous la forme de fortes réductions du déficit budgétaire et de la

* Texte publié pour la première fois dans *Living as Equals*, Clarendon Press, Oxford, 1996 ; traduit de l'anglais par Nicolas Guilhot.

dette publique). Comment devons-nous envisager ce conflit et juger de la valeur respective de ces préoccupations concurrentes ?

Ces tensions se manifestent depuis longtemps déjà dans l'économie politique du monde contemporain, dans les pays riches comme dans les pays pauvres, mais des évolutions politiques récentes leur ont donné une actualité nouvelle. On peut inclure au nombre de ces événements significatifs les discussions politiques qui ont lieu dans de nombreux pays aujourd'hui, de façon certainement plus prononcée en France, mais aussi ailleurs en Europe, notamment en Allemagne et en Italie. En réalité, pratiquement tous les pays européens connaissent d'une façon ou d'une autre ce conflit – de l'Irlande, la Grande-Bretagne et la Suède aux pays de l'ex-Union soviétique et de l'Europe de l'Est. Ce débat occupe une place tout aussi importante aux États-Unis, où les lignes de front se sont à nouveau déplacées entre les démocrates libéraux et la droite radicale républicaine. En élargissant cet horizon, on trouve aussi dans les pays pauvres – en Afrique, en Asie, en Amérique du Sud – des conflits tout à fait similaires au sujet du rôle respectif de la responsabilité sociale et du conservatisme financier. Si des exemples significatifs d'un tel débat d'idées sont monnaie courante de par le monde, c'est que le conflit social dont je veux parler constitue une des questions « globales » qui méritent qu'on leur accorde aujourd'hui toute notre attention.

Une note personnelle

Avant d'aller plus loin, je voudrais toutefois dire quelques mots sur les circonstances dans lesquelles ce recueil d'essais a vu le jour : à l'exception de ce texte, ils sont le fruit des *Eva Colorni Memorial Lectures* que j'ai données à la London Guildhall University. Ma défunte épouse, Eva Colorni, est née en Italie le 7 avril 1941 et est décédée prématurément des suites d'un cancer, il y a onze ans de cela, à Londres. On m'a demandé d'écrire quelque chose à propos des sujets abordés dans ce volume en tenant compte de la façon dont Eva considérait ces problèmes[1]. Je suis reconnaissant de cette occasion qui m'est offerte, bien qu'il soit profondément troublant d'essayer de considérer une personne aimée comme une pensée désincarnée, ou de se résigner, encore une fois, au caractère absolu et définitif du terrible événement qui s'est produit il y a plus d'une décennie.

Eva a laissé peu d'écrits, mais ses amis se souviendront de sa conversation stimulante et pénétrante, de la manière dont elle défendait avec ardeur certaines positions et en contestait d'autres. Son internationalisme se mariait parfaitement avec sa capacité à se sentir chez elle dans différents pays, comme en Inde et en Grande-Bretagne, tout autant que dans son Italie natale. Et, bien que cette qualité fût en partie instinctive, elle était aussi déterminée par une intelligence cosmopolite, exempte de tout

1. Je crois qu'Eva aurait apprécié ce recueil, y compris le choix des thèmes. Elle aurait aimé en lire les essais – écrits sur des sujets qui lui tenaient à cœur par des personnes qui lui tenaient à cœur. La lecture lui procurait un grand plaisir, lorsque sa vie partagée entre l'enseignement, le design, le travail du bois, l'éducation et le soin des enfants ainsi que bien d'autres activités lui permettait d'y consacrer du temps. L'un de mes souvenirs les plus précieux est celui de son visage radieux, à la lumière d'une lampe décorée ou d'une fenêtre, manifestement captivé par ce qu'elle était en train de lire – révélant tour à tour son plaisir, son agrément, sa surprise, sa colère ou son incrédulité.

esprit de clocher, qui l'amenait à considérer la nationalité et l'appartenance d'une personne à une communauté comme des attributs quasi accidentels.

Eva nourrissait une répulsion à la fois instinctive et réfléchie à l'encontre de l'inégalité, et cela constituait un aspect fondamental de son profond engagement sur les problèmes politiques, sociaux et économiques du monde dans lequel elle vivait. Au nombre des principes sociaux qui étaient les siens, il y avait la conviction que l'égalité était nécessaire, de même qu'un engagement plus spécifique en faveur des intérêts et des libertés des membres les plus défavorisés de la société[2]. Elle voyait là, en effet, l'aspect le plus important de l'équité ; un aspect sur lequel elle savait fréquemment se faire entendre. Quand elle prenait position sur des questions politiques, ses inclinations et ses sympathies étaient claires et prévisibles, bien qu'il fût parfois extrêmement difficile d'anticiper le contenu de ses propositions, tant ses analyses étaient pénétrantes.

Il y a deux aspects de son engagement intellectuel auxquels cet essai se rattache tout particulièrement. En premier lieu, son sens de l'analyse se caractérisait notamment par son intérêt pour le déroulement effectif des choses plutôt que pour la façon dont elles étaient « censées » se dérouler. Les processus politiques réels étaient son élément naturel, tandis que les propositions bien intentionnées fondées sur

2. Au cours de sa carrière d'enseignement à l'université de Delhi et au City of London Polytechnic (devenu la London Guildhall University), son engagement en faveur des étudiants désavantagés était édifiant, et cela fut donc une source de plaisir – mais non d'étonnement – de voir que, lorsque le Eva Colorni Memorial Trust fut fondé après son décès, un grand nombre de petites contributions vinrent de ses anciens étudiants, dont certains connaissaient des situations difficiles.

le « scénario du meilleur des cas » la laissaient fort sceptique. Même les exigences du principe d'égalité, aussi centrale fût la place qu'elle leur accordait, ne pouvaient être conçues en termes purement abstraits, ni traduites en propositions pratiques sur la base de relations imaginées, voire souhaitées.

En second lieu, au sujet de nombreux dilemmes sociaux, sa position consistait à soutenir fermement une démarche procédurale plutôt qu'à tenter d'imposer une solution substantielle. Lorsque deux exigences qui lui semblaient également importantes entraient en conflit, son inclination démocratique la portait à rechercher non seulement comment elle pouvait concilier ces deux préoccupations (aussi important cela fût-il), mais aussi à essayer de voir quel équilibre était susceptible d'émerger d'un processus véritablement démocratique. En ce sens, son engagement n'était pas celui d'un leader politique de Whitehall ou de la Maison-Blanche – à l'inverse de nombreux économistes –, mais plutôt celui d'une perfectionniste politique à la recherche de ce que peuvent produire les discussions ouvertes, les débats et le consensus. Il ne s'agissait donc pas seulement de pondérer des intérêts conflictuels (comme pourrait le faire un « utilitariste » au pouvoir), mais aussi de rechercher des solutions démocratiques fondées sur la participation politique. Ce principe de la participation était à ses yeux aussi important que le réalisme déterminé avec lequel elle poursuivait les objectifs de son engagement, un engagement qui comprenait, comme je l'ai déjà mentionné, une profonde croyance en l'égalité, notamment sous la forme d'une priorité accordée aux plus désavantagés.

J'essaierai ici de relier ces aspects de sa pensée aux débats qui ont cours en Europe et en Amérique, et en particulier au conflit entre la responsabilité sociale à l'égard des plus faibles et des plus démunis, et la prudence économique qui caractérise le conservatisme financier. Les applications proposées ici ne sont pas dues à Eva, bien que je pense qu'elle les aurait accueillies avec une certaine sympathie et qu'elle y aurait trouvé les échos de ses propres préoccupations.

L'héritage de la politique participative en Italie

L'engagement d'Eva en faveur de processus politiques authentiques et équitables (ce qui comprenait une double exigence de réalisme et de participation) est lié à sa propre histoire familiale et aux traditions politiques italiennes sensibles à la question sociale. Cette histoire familiale était faite à la fois d'action et de grands idéaux politiques et sociaux[3].

Le père d'Eva, Eugenio Colorni, était non seulement un éminent philosophe qui s'est illustré dans la philosophie politique, l'épistémologie et la philosophie des sciences, mais aussi un militant politique actif dont les écrits reflétaient les idéaux fondamentaux sans jamais négliger pour autant ce qui pouvait être accompli ici et maintenant. Il s'était aussi consacré au mouvement antifasciste de l'Italie mussolinienne et fut très actif dans la Résistance. Il fut emprisonné en 1938, envoyé sur l'île de

3. Voir Eugenio COLORNI, *Scritti*, La Nuova Italia, Florence, 1975, avec une introduction de Norberto BOBBIO ; Leo SOLARI, *Eugenio Colorni : Ieri e oggi*, Marsilio, Venise, 1980 ; Altiero SPINELLI, *Come ho tentato di diventare saggio*, Il Mulino, Bologne, 1993 ; Edmondo PAOLINI, *Altiero Spinelli : Appunti per una biografia*, Il Mulino, Bologne, 1988.

Ventotene, puis placé en détention à Melfi. Lorsqu'il parvint à s'échapper, il rejoignit la clandestinité et contribua à reconstituer le parti socialiste, dont il dirigea le journal *Avanti !*, alors publié clandestinement. Il fut tué par les fascistes à la fin du mois de mai 1944, peu de jours avant que les Américains ne parviennent à Rome.

Eva n'était alors qu'une jeune enfant, et elle fut élevée par sa mère, Ursula Hirschmann (elle-même une socialiste internationaliste engagée)[4], et son beau-père, Altiero Spinelli. Spinelli avait lui aussi été un résistant, et il avait compté de nombreuses années de prison, dont un long séjour dans la même île de Ventotene. Son engagement politique l'avait conduit très tôt vers l'activisme de gauche, notamment à travers le parti communiste, auquel il adhéra en 1924 à l'âge de dix-sept ans, et dont il fut exclu en 1937 par la ligne dure du parti, qui lui reprochait principalement ses inclinations démocratiques. Son activisme antifasciste fut constant aussi bien en prison qu'en dehors, et il devint par la suite l'un des fondateurs du parti d'Action (qui succéda au mouvement appelé « Justice et Liberté » et représentait l'aile la plus libérale du mouvement[5]). Le

---

4. Voir son autobiographie publiée à titre posthume, U. HIRSCHMANN, *Noi senzapatria*, Il Mulino, Bologne, 1993. Son frère, Albert Hirschmann, resté proche de la branche italienne de la famille, a aussi exercé une influence cruciale. À ce sujet, on se reportera à l'essai qui concerne son séjour en Italie avant la guerre, et Eugenio COLORNI, dans son ouvrage intitulé *A Propensity to Self-Subversion*, Harvard University Press, Cambridge, Mass., 1995, chap. 9, « Le doute et l'action antifasciste en Italie, 1936-1938 ».

5. Bien que Colorni et Spinelli aient partagé les mêmes positions politiques sur de nombreuses questions, Colorni refusa de rejoindre le Partito d'Azione, auquel il reprochait principalement son élitisme et son incapacité à s'ouvrir aux masses. Le premier chef du gouvernement de

Manifeste fédéraliste européen qu'il écrivit en 1941 avec Ernesto Rossi et en collaboration avec Eugenio Colorni durant sa détention à Ventotene en fait l'un des fondateurs du Mouvement fédéraliste européen, qu'il établit officiellement à Milan le 27 août 1943 (à nouveau en compagnie de Colorni et d'autres). L'émergence d'une démocratie participative aussi étendue que possible constituait une dimension importante de la communauté européenne qu'ils appelaient de leurs vœux.

Comme cela est largement reconnu, c'est à Spinelli que revient une bonne part de la paternité intellectuelle de l'unification européenne. Il vécut assez longtemps pour assister à sa naissance, exerça une influence sur son évolution et, pendant un certain temps, fut même commissaire de la Communauté européenne. En tant que théoricien et pionnier de l'unité européenne, Spinelli s'intéressait non seulement aux principes fondamentaux, mais aussi aux modalités pratiques de fonctionnement de la Communauté. C'est ainsi qu'on lui doit par exemple l'adoption par la Communauté européenne du « principe de subsidiarité » (dont on parle beaucoup en ce moment) dans l'avant-projet de traité sur l'Union européenne de 1984, qui fut préparé par le Parlement européen, dont il était alors un membre éminent[6].

---

l'Italie libérée fut Ferrucio Parri, un dirigeant du Partito d'Azione, mais il ne resta en place que quelques mois. L'absence d'une base populaire réduisit l'efficacité du parti, qui fut finalement dissous en 1947.

6. Voir T. PADOA-SCHIOPPA, *The Road to Monetary Union in Europe*, Clarendon Press, Oxford, 1994, p. 8.

Responsabilités et intérêts conflictuels

Les principales valeurs politiques et sociales dont la jeunesse d'Eva fut imprégnée ne se limitaient pas seulement à des idéaux et des objectifs : elles étaient aussi à l'origine d'un vif intérêt pour les moyens et les instruments aptes à réaliser ces idéaux, et notamment pour la politique participative. Si je devais caractériser l'égalitarisme tel qu'Eva le concevait, je dirais qu'il s'agit d'un engagement sans faille en faveur de l'idée d'égalité, associé à un réalisme solide et à une confiance profonde dans les possibilités de la politique démocratique. On peut dire que c'était là, en un sens plutôt direct et assez matériel, une forme de « raison pratique » – dans la droite ligne de ce qu'Eugenio Colorni et Altiero Spinelli avaient décrit dans le *Manifeste* qu'ils avaient écrit ensemble en 1941.

L'égalitarisme peut prendre la forme d'un idéal abstrait et susciter des sentiments nobles ; privé de cette dimension, il serait un principe moral et politique affaibli. Cependant, on peut entendre de plus d'une façon les priorités de l'égalitarisme, et celles-ci peuvent entretenir des rapports variables avec le réalisme et la véracité. On trouve, d'un côté, la prose émouvante d'un Rousseau ou d'un Godwin, qui affiche un intérêt modeste pour les rouages effectifs et subtils de la réalité (et notamment pour l'influence déterminante des incitations économiques, des contraintes politiques, de l'abus de pouvoir administratif, etc.). Ces œuvres importantes contribuent à entretenir la motivation et la résolution qui amènent les gens à rechercher des solutions égalitaires. Il y a toutefois un décalage profond au niveau de l'action et de la pratique entre ces préceptes et les dispositions politiques et économiques concernant la propriété et les régimes fiscaux, la sécurité sociale et les minima sociaux, les initiatives économiques et les régulations politiques. Lorsqu'on opte pour tel ou tel type de dispositions, il faut se montrer extrêmement sensible à une approche réaliste du monde dans lequel nous vivons.

La recherche de l'équité donne lieu à de nombreuses préoccupations divergentes. Le conflit qui fait l'objet des débats les plus vifs est celui qui oppose le principe d'équité qui inspire les politiques de redistribution au souci des agrégats financiers. On peut à bon droit considérer que la nécessité de garantir des incitations matérielles n'est pas exempte d'un certain chantage. Cela impliquerait en effet le besoin de garantir des compensations plus élevées pour les éléments les plus nantis et les plus productifs de la société, qui sont en mesure de décider une diminution de leurs activités qui bénéficient à d'autres s'ils ne bénéficient pas de « compensations » plus importantes. Si les choses étaient effectivement ainsi, cela voudrait dire que la poursuite inconditionnelle de l'égalité se révélerait intrinsèquement contradictoire. Chantage ou pas, quiconque cherche à promouvoir l'égalité doit tenir compte des effets d'incitation.

Un autre conflit a trait aux régulations dont l'application consciencieuse contribuerait largement à promouvoir l'égalité générale, mais qui sont susceptibles de produire des disparités indésirables lorsqu'on constate des abus administratifs. Si un vaste éventail d'instruments égalitaires qui vont de l'*affirmative action*[7] à l'« assistance ciblée » font

7. L'*affirmative action* désigne, aux États-Unis, un système de discriminations positives destinées à promouvoir l'égalité des chances

aujourd'hui l'objet d'un scepticisme forcené, il est clair que la reconnaissance des limites pratiques auxquelles se heurte le fonctionnement optimal de l'administration n'y est pas étrangère.

Un autre conflit encore est celui qui oppose le besoin de relever le salaire minimal afin d'offrir un niveau de vie décent aux personnes concernées et les effets de contraction de l'embauche que l'adoption d'une telle mesure par voie législative peut parfois entraîner. Il est possible d'envisager différents compromis, qui vont des propositions visant à garantir un revenu minimal garanti à tous, sans exception, à des cotisations permettant d'embaucher ceux qui autrement seraient au chômage[8].

Il existe d'autres conflits de ce genre concernant l'application des idéaux fondamentaux de l'équité. Presque tout dépend de la façon dont on poursuit ces idéaux et dont on évalue l'impact réel des politiques proposées.

---

en consacrant des programmes d'assistance à différentes catégories de personnes désavantagées (les minorités ethniques, les personnes handicapées, les femmes) ou en favorisant leur accès à des postes professionnels ou à des établissements d'enseignement (notamment à travers des quotas). Ces mesures ont été fréquemment remises en cause au cours des dernières années, et l'État de Californie a récemment supprimé les programmes qui en relevaient (NdT).

8. Pour les arguments philosophiques et économiques en faveur du revenu minimal garanti et des politiques qui lui sont associées, voir Ph. Van Parijs, *Real Freedom for All : What (If Anything) Can Justify Capitalism*, Clarendon Press, Oxford, 1995. Sur le cas des allocations destinées à créer des emplois et à réduire la pauvreté, voir E. S. Phelps, *The Social Wage*, Harvard University Press, Cambridge, Mass. Voir aussi les propositions de J.-P. Fitoussi et P. Rosanvallon, *Le Nouvel Âge des inégalités*, Seuil, Paris, 1996, ainsi qu'une autre solution brièvement décrite par A. B. Atkinson, « The case for a participation income », *Political Quarterly*, 1996.

L'engagement en faveur de l'égalité et la prudence financière

Comme je l'ai déjà mentionné, cet essai traite principalement d'un conflit, réel ou apparent : celui qui existe entre l'engagement d'une société en faveur de l'équité, sa responsabilité sociale (ce qui comprend l'aide apportée à ceux qui seraient autrement démunis et plongés dans la misère), et le besoin de rigueur économique et de conservatisme financier visant à éviter des dépenses publiques excessives[9].

S'agit-il d'un dilemme réel ? De façon plus générale, qu'est-ce qui fait d'un problème décisionnel un dilemme réel ? Un dilemme n'est pas un conflit entre une bonne chose d'un côté et une mauvaise chose de l'autre, auquel cas l'unique problème consisterait à s'assurer que la première l'emporte. Il s'agit plutôt d'un conflit entre plusieurs choses bonnes en elles-mêmes, dont chacune mérite notre considération, mais qui s'opposent mutuellement. Nous ne pouvons donc espérer résoudre un véritable dilemme en choisissant d'ignorer totalement un aspect du cas qui nous occupe en faveur de l'autre. Un dilemme social, tout comme un dilemme personnel, prend la forme de ce que le philosophe et pédagogue américain John Dewey a appelé une « lutte avec soi-même ». « La lutte, disait-il, n'oppose pas ce qui nous apparaît clairement comme un bien à quelque chose d'autre, qui nous attire mais dont on sait qu'il s'agit d'un mal. » Elle a plutôt lieu

---

9. J'ai discuté certains des problèmes que cela soulève lors du discours que j'ai prononcé à l'école de libraires Umberto e Elisabetta Mauri le 26 janvier 1996 à Venise. Ce discours a depuis été publié dans la revue *Il Mulino*, n° 364, 1996, p. 199-216.

« entre des valeurs dont chacune prise individuellement est sans l'ombre d'un doute un bien, mais qui maintenant se font obstacle l'une l'autre[10] ». Si un dilemme privé est une lutte dans le for intérieur d'un individu, un dilemme social est une lutte entre différentes valeurs, dont chacune mérite l'intérêt public et peut raisonnablement prétendre à notre respect et notre assentiment. Ce qui nous occupe ici, ce sont donc les tensions entre les implications sociales respectives de principes antagonistes qui requièrent toute notre attention.

S'il s'agit là de la meilleure façon d'envisager un dilemme social, alors la première chose à faire est d'examiner quelles sont ces valeurs qui s'opposent mutuellement, ainsi que les raisons pour lesquelles elles sont d'abord susceptibles d'être valorisées. Pourquoi acceptons-nous qu'il existe des responsabilités sociales – par exemple envers les pauvres, les chômeurs ou les personnes malades – qu'une communauté juste devrait honorer ? Jusqu'où ces responsabilités devraient-elles s'étendre ? Et, de la même façon, pourquoi le conservatisme financier est-il digne de considération ? Comment devons-nous juger des mérites de quelque chose dont le sens est moins immédiat et évident que le besoin de venir en aide aux plus démunis ? Quels effets négatifs pourrait entraîner un manque de rigueur financière ? Ce n'est qu'après avoir discuté ces questions que nous pourrons aborder les problèmes que soulèvent les *conflits* entre ces valeurs de nature différente.

---

10. Voir J. DEWEY et J. H. TUFTS, *Ethics*, Holt, New York, 1932, p. 175. Cette perspective fournit une approche utile des problèmes généraux de l'éthique pratique. Pour certaines questions techniques soulevées par de tels conflits, voir I. LEVI, *Hard Choices*, Cambridge University Press, Cambridge, 1986 ; et A. SEN, *On Ethics and Economics*, Blackwell, Oxford, 1987.

La responsabilité sociale dans la société contemporaine

Commençons d'abord par la responsabilité sociale. Le XXe siècle a vu s'évanouir l'idée que l'individu puisse être tenu pour le seul responsable de ses malheurs. L'idée d'un État minimal, se limitant à peu de chose près à garantir la loi et l'ordre, a été obstinément rejetée au cours du siècle qui s'est écoulé. Certes, le conservatisme « libertarien » a eu aussi ses défenseurs les plus éloquents, mais l'attraction exercée par un tel minimalisme est restée limitée à la périphérie de la politique nationale dans la plupart des pays. L'idée d'un « État providence » s'est progressivement imposée, du moins en tant que principe, à travers la majeure partie de l'Europe, de l'Amérique du Nord, mais aussi du Japon et, de plus en plus, dans les pays du Sud-Est asiatique, dont les économies ont connu un succès récent. Même dans des économies très pauvres et dans des systèmes politiques pour le moins différents, comme en Chine, au Sri Lanka, au Costa Rica, en Jamaïque, et dans l'État indien du Kerala, des obligations civiles particulières en matière de santé et de sécurité sociale sont désormais acceptées comme des responsabilités sociales nécessaires. Et ces pays ont ainsi récolté ce qu'ils avaient semé, notamment un allongement de l'espérance de vie et d'autres conquêtes sociales qui ont contribué à élever la qualité de la vie en dépit de la pauvreté[11].

---

11. Ces problèmes sont discutés dans J. DRÈZE et A. SEN, *Hunger and Public Action*, Clarendon Press, Oxford, 1989 ; ainsi que *India: Economic Development and Social Opportunity*, Oxford University Press, Delhi, 1995.

Malgré le fait que les économies socialistes, et notamment les économies dirigées par des partis communistes dans différentes régions du monde, ont été criblées de problèmes économiques et sociaux (et soumises à une forte oppression), les *buts* et les *objectifs* qui ont attiré les gens vers le socialisme restent aujourd'hui tout aussi pertinents qu'ils l'étaient il y a un demi-siècle. Les idéaux de justice sociale n'ont cessé de refaire surface en dépit des obstacles auxquels se sont successivement heurtés les divers projets visant à les appliquer.

Interdépendance et obligations mutuelles

Quelle est la raison de la longévité de tels idéaux ? Il n'est pas difficile d'expliquer l'attraction qu'exerce l'idée de responsabilité sociale. Une société suppose des interactions, et nos vies sont dépendantes les unes des autres. Comme l'a dit John Donne il y a presque quatre siècles, « aucun homme n'est une *île*, suffisante à elle-même ». L'idée de dépendance mutuelle ne peut que conduire à celle de responsabilités mutuelles. Je crois qu'il n'y a rien de particulièrement mystérieux à reconnaître que les membres de la société, de la même façon qu'ils tirent des bénéfices de leurs interactions, doivent aussi accepter la nécessité profonde de leurs obligations mutuelles.

Le principe d'obligations sociales réciproques n'a rien de nouveau. Le concept d'« impératif catégorique » qu'Emmanuel Kant a élaboré il y a deux siècles reflète lui aussi l'acceptation totale des obligations que nous avons les uns envers les autres. Cependant, ce que l'on considère comme les « sphères » de l'obligation et de la responsabilité sociale se sont considérablement élargies depuis l'époque où Kant écrivait. Pourquoi cela s'est-il produit ? Il s'agit d'une évolution à laquelle le capitalisme comme le socialisme ont apporté une contribution substantielle.

Le développement capitaliste et les responsabilités sociales

Avec la naissance et l'expansion du capitalisme, l'étendue des interdépendances et des interactions sociales dans les sociétés modernes a connu une augmentation constante, soutenue par l'expansion rapide des échanges commerciaux et des relations sociales. Si John Donne ne pouvait comparer personne à une île, il y a quatre siècles de cela, les individus sont aujourd'hui insérés dans des réseaux de relations encore plus denses. Avec l'augmentation du niveau d'interdépendance, il est donc devenu naturel de songer à étendre les responsabilités réciproques. Bien qu'en principe le capitalisme soit farouchement individualiste, il a contribué en pratique à cette tendance vers l'intégration en rendant nos vies de plus en plus interdépendantes. Par ailleurs, l'accroissement sans précédent de la prospérité économique qu'ont connu les économies modernes permet d'accepter des obligations sociales qu'il n'était tout simplement pas possible de se permettre financièrement auparavant.

Il se peut que les idéologues qui se font les hérauts de l'« esprit du capitalisme » soient très hostiles – comme c'est souvent le cas – à l'idée que la société ou l'État aient des responsabilités. Mais le développement même du capitalisme a très largement contribué à une extension remarquable du domaine et de la portée de la responsabilité sociale acceptée, et plus particulièrement des responsabilités de l'État et de la société civile.

Questions socialistes et pertinence politique

Un deuxième facteur a été le développement de la critique socialiste du capitalisme, portant sur les inégalités et les disparités qui caractérisent même les sociétés les plus prospères. Les mouvements socialistes qui se sont formés en Europe au XIXe siècle et qui se sont développés à travers le monde ont tiré leur force du fait que le changement économique et social peut apporter une prospérité considérable à certains, sans qu'elle soit partagée par d'autres. Tandis que la plupart des *moyens* que les mouvements socialistes ont privilégiés, comme l'appropriation par l'État des moyens de production, se sont révélés à la fois moins efficaces et moins viables que prévu, le besoin de prêter attention aux inégalités et aux privations n'a en rien diminué. Il se peut que les solutions socialistes aient été sérieusement ébranlées, mais il n'en reste pas moins que les questions socialistes qui se nourrissent du mécontentement causé par les dysfonctionnements du capitalisme conservent aujourd'hui toute leur force.

Les critiques adressées au capitalisme sont en effet devenues d'autant plus largement acceptées aujourd'hui qu'elles sont désormais dissociées des remèdes institutionnels traditionnellement défendus par les socialistes. Il n'y a plus aucun besoin, pour affirmer la nécessité de remédier à l'inégalité et aux privations, de jurer fidélité à des formules institutionnelles spécifiques – qu'il s'agisse de la

« nationalisation des moyens de production » ou du « contrôle de l'investissement par l'État ». On considère aujourd'hui avec beaucoup plus d'attention le fait que différents arrangements sociaux, politiques et économiques peuvent se combiner avec ce qui reste fondamentalement une économie de marché, différents types de responsabilité envers les plus défavorisés pouvant ainsi coexister dans le cadre d'un système globalement capitaliste. La priorité donnée à la responsabilité sociale peut désormais s'accompagner d'une recherche beaucoup plus libre des moyens de la réaliser, avec pour seul souci leur efficacité pratique. Les problèmes que les socialistes ont identifiés sont devenus plus aigus quand bien même les solutions qu'ils ont apportées ont montré leurs limites.

Nous ne pouvons éviter l'idée de responsabilité sociale, quelles que soient nos préférences en termes de remèdes à l'injustice et à la misère. Même là où existent des divisions extrêmes entre les nationalités et les communautés (elles ont en effet parfois donné lieu à des explosions de violence insensées), il a été difficile à notre époque d'ignorer délibérément l'idée d'une responsabilité sociale importante étendue à tous les citoyens à l'intérieur d'un État-nation. Quant à ceux qui ont prôné une limitation drastique du rôle de l'État dans l'assistance aux membres les plus démunis de la communauté nationale, ils se sont constamment heurtés à des difficultés lorsqu'il a fallu mettre en cause les objectifs qui motivent ces responsabilités sociales. Ils ont préféré se concentrer, en revanche, sur le conflit entre les mesures visant à garantir ces responsabilités et les problèmes qu'elles sont susceptibles d'entraîner, tels que les incitations, la pesanteur bureaucratique, la corruption, l'inefficacité, l'arbitraire, et ainsi de suite. Et, de façon beaucoup plus pertinente pour mon propos, sur la tension entre les dépenses publiques requises pour satisfaire ces objectifs sociaux et d'autres obligations de l'État, notamment la viabilité économique et la stabilité politique.

La liberté individuelle comme responsabilité sociale

Le domaine dans lequel s'exerce la responsabilité sociale varie d'une société à l'autre. Dans une certaine mesure, cela est lié à l'évaluation de ce qu'un pays peut « se permettre ». Une économie pauvre peut ne pas être à même de fournir à ses citoyens les garanties qu'un pays riche offre aux siens. Dans le contexte spécifique de l'Europe occidentale et de l'Amérique du Nord, la responsabilité sociale s'est exercée principalement à travers des garanties minimales de soins, des garanties contre la pauvreté absolue, l'assurance chômage ainsi que des services pour les personnes handicapées. Elle a aussi été reconnue dans les domaines de l'éducation, de la recherche et du développement, domaines dont peut dépendre en grande partie le progrès économique d'une nation. La possibilité d'une telle couverture sociale est étroitement liée à des questions de rigueur financière et de viabilité économique – un point sur lequel je reviendrai plus avant dans cet essai.

Certaines des responsabilités sociales les plus importantes sont en fait beaucoup plus étendues que celles que l'on peut appeler « socialistes », quel que soit le sens que l'on veuille prêter à ce terme, et cela malgré le fait que les socialistes aient eux-mêmes insisté sur ces responsabilités. S'il y a une responsabilité sociale à laquelle se résument aujourd'hui toutes les autres et qui mérite notre attention, c'est celle de la liberté individuelle, entendue au sens le plus large comme une condition commune. J'ai essayé de discuter ailleurs le domaine et les implications de cette responsabilité (dans un essai intitulé « La liberté individuelle : une responsabilité sociale »)[12]. La liberté individuelle inclut d'abord ces composantes positives qui nous rendent capables de nous comporter en individus autonomes et responsables, comme les soins de santé essentiels, la garantie d'une éducation minimale, un niveau de vie décent excluant la faim et la pauvreté absolue, et ainsi de suite. Elle comprend aussi notre autonomie et nos libertés fondamentales, comme la liberté et la possibilité de participer aux processus politiques et sociaux qui affectent notre vie de tous les jours. Cette double perspective permet de valoriser tant la liberté positive que la liberté négative[13].

Participation et responsabilité sociale

La liberté de participation est au centre du dilemme social qui fait l'objet de cet essai. La possibilité de prendre part au processus de décision qui détermine la part respective de la responsa-

12. Discours prononcé à l'occasion de la cérémonie de remise du prix international Sénateur Giovanni Agnelli, deuxième édition, 1990 *(Individual Freedom as a Social Commitment)*. Ce texte a été publié dans la *New York Review of Books* du 14 juin 1990.

13. J'ai tenté de discuter les implications éthiques qui sous-tendent cette thématique dans « Well-being, Agency and Freedom : The Dewey Lectures 1984 », *Journal of Philosophy*, n° 82, 1985.

bilité sociale et de la rigueur financière fait elle-même partie de la responsabilité sociale la plus élémentaire qui soit. Dans l'exercice qui consiste à confronter les exigences conflictuelles de principes divergents, il est essentiel d'avoir une compréhension adéquate de ces principes et de leurs implications ; on ne peut y parvenir en faisant l'économie de larges débats ouverts à la participation.

Beaucoup de choses mériteraient à bon droit notre estime si elles étaient faisables, et le fait d'établir des priorités est fatalement un exercice de jugement auquel il est absolument nécessaire que participent les différents groupes dont les revendications s'opposent mutuellement. La responsabilité sociale inclut en premier lieu les droits élémentaires de participation qui permettent aux citoyens d'interagir et de décider des valeurs et des priorités. Je dirais qu'on ne peut comprendre les débats en cours dans le monde contemporain – que ce soit au Royaume-Uni, en France, en Allemagne, en Italie ou aux États-Unis, ou encore en Chine et en Inde – sans les considérer en fonction de l'importance qu'ils accordent à la participation.

Défense et illustration du conservatisme financier

Avant de poursuivre ce raisonnement, qu'on me permette de considérer l'autre aspect du dilemme social qui nous occupe, c'est-à-dire l'importance de la rigueur économique et du conservatisme financier[14].

---

14. Pour une discussion de ces aspects, notamment dans le cadre des économies les plus pauvres, on peut se reporter à mon discours

Il est tentant de penser que toute l'affaire du conservatisme financier tient dans le précepte simple et évident stipulant qu'il faut vivre selon ses propres moyens. Pour reprendre le constat éloquent de M. Micawber dans *David Copperfield* : « Revenu annuel vingt livres, dépense annuelle dix-neuf livres dix-neuf shillings six pence ; résultat. le bonheur. Revenu annuel vingt livres, dépense annuelle vingt livres et six pence, résultat : la misère. » Cette analogie financière avec la solvabilité personnelle a été amplement exploitée par plus d'un chantre du conservatisme financier.

Dans le cas de l'État, par opposition à l'individu, cet argument n'est pas totalement approprié. Pour la plupart des États, la question n'est pas vraiment celle de la solvabilité, mais celle des coûts sociaux d'une trop grande libéralité financière. Contrairement à M. Micawber, un État peut *continuer* à dépenser plus qu'il ne gagne en empruntant, voire en augmentant l'offre de monnaie. Le vrai problème n'est pas de savoir si cela est possible (cela l'est certainement), mais de savoir quels *effets* peuvent entraîner des dépenses publiques trop élevées. On ne peut donc ignorer les conséquences décisives de la stabilité macroéconomique. L'argument en faveur du conservatisme financier nous amène à reconnaître que la stabilité des prix est très importante et qu'elle peut être radicalement remise en cause par l'indulgence et le manque de responsabilité en matière fiscale.

---

inaugural prononcé à l'occasion de la Conférence internationale sur le financement du dévelopment des ressources humaines, organisée le 17 novembre 1995 par la Banque asiatique de développement, intitulé « Human Development and Financial Conservatism ». Il sera prochainement publié dans l'*Asian Economic Review*.

Qu'est-ce qui démontre alors les effets pernicieux de l'instabilité macroéconomique, et de l'inflation en particulier ? Dans sa brillante analyse critique des expériences internationales accumulées dans ce domaine, Michael Bruno observe que « plusieurs épisodes recensés d'inflation modérée (entre 20 % et 40 % [d'augmentation annuelle des prix]) ainsi que la plupart des cas d'inflation supérieure (qui ne sont pas rares) suggèrent qu'une inflation élevée va de pair avec de forts effets négatifs sur la croissance ». Et, « inversement, l'expérience accumulée tend à suggérer qu'une forte stabilisation de l'inflation entraîne des effets positifs très marqués sur la croissance, y compris dans le court et le moyen terme[15] ». En bref, c'est à partir de ces observations que l'on commence à comprendre une des justifications du conservatisme financier.

Zones de danger et instabilité dynamique

Ce raisonnement n'est pas, lui non plus, totalement dénué d'ambiguïtés, puisque Bruno remarque aussi que « les effets de l'inflation sur la croissance sont obscurs, dans le meilleur des cas, lorsque les taux d'inflations sont bas (moins de 15-20 % par an) ». Il continue en se demandant : « Pourquoi s'inquiéter des taux d'inflations bas, en particulier si les coûts de l'inflation *anticipée* peuvent être évités (par l'indexation) et si ceux de l'inflation *non prévue* semblent être bas ? »

15. M. Bruno, « Inflation, Growth and Monetary Control : Non-linear Lessons from Crisis and Recovery », texte de la Paolo Baffi Lecture tenue à la Banque d'Italie en 1995.

Le véritable argument en faveur du conservatisme financier tient aux dangers inhérents au manque de prudence et à la possibilité des dérapages. Dans ce cas s'ouvrent de graves perspectives d'« instabilité dynamique ». Comme l'observe Bruno, « l'inflation est un processus persistant par nature et, de plus, le degré de persistance tend à augmenter avec le taux d'inflation ». Bruno dresse un tableau clair de la façon dont s'amorce une telle accélération de l'inflation et utilise une analogie expressive pour en tirer la leçon : « L'inflation chronique ressemble au tabagisme : une fois que l'on a dépassé un seuil minimal, il est très difficile d'échapper à une accoutumance croissante. » En fait, « lorsque des chocs se produisent (par exemple, une crise personnelle dans le cas d'un fumeur, une crise des prix dans le cas d'une économie), il y a de fortes chances pour que l'intensité de cette habitude [...] atteigne des niveaux encore plus élevés, qui se maintiendront y compris lorsque l'onde de choc sera passée », et ce processus peut se répéter. C'est là, bien entendu, un argument fondamentalement conservateur, qui se révèle d'autant plus persuasif qu'il est fondé sur une vaste série de comparaisons internationales.

Voilà donc la justification majeure du conservatisme financier, et l'on voit aisément comment ce principe peut entrer en conflit avec les implications d'une responsabilité sociale étendue de la part du gouvernement et de la société civile. Je reviendrai plus en détail sur cette question, mais je voudrais auparavant clarifier la différence entre les exigences réelles du conservatisme financier et les interprétations qui en sont données dans bon nombre de discussions politiques.

L'extrémisme anti-inflation et antidéficit

Le conservatisme financier *ne* doit *pas* être confondu avec l'« extrémisme anti-inflationniste », comme c'est souvent le cas. La cause qu'il défend n'est pas une élimination totale de l'inflation qui ne tienne pas compte des sacrifices qu'elle exige. Ce qu'il nous apprend est plutôt de garder à l'esprit les coûts probables qu'il y aurait à tolérer l'inflation, par rapport à ceux qu'entraîneraient sa réduction ou son élimination totale. L'enjeu principal est d'éviter l'« instabilité dynamique » que semble engendrer l'inflation, serait-elle apparemment chronique et stable, au-delà d'un seuil relativement bas. La leçon politique que tire Bruno est la suivante : « La combinaison du coût d'une stabilisation de l'inflation à des niveaux faibles et de la tendance croissante de l'inflation à se maintenir constitue un argument en termes de coûts sur la croissance qui joue en faveur d'un maintien de l'inflation à des niveaux relativement bas même si les effets négatifs sur la croissance ne semblent se manifester qu'en présence de taux d'inflation plus élevés. » Dans cette optique, il s'agit d'éviter non seulement une inflation *élevée*, mais – en raison de l'instabilité dynamique – aussi une inflation *modérée*. Cependant, cela montre que le radicalisme de la solution « inflation zéro » ne constitue pas une lecture appropriée des exigences du conservatisme financier.

On peut dire à peu près la même chose de l'« extrémisme antidéficit », que l'on confond trop souvent avec le conservatisme financier dans les débats contemporains. Le débat en cours aux États-Unis sur l'équilibre budgétaire constitue un exemple patent de la confusion qui entoure des questions distinctes. Récemment, des sections entières de l'administration fédérale américaine ont été fermées au cours de la lutte qui opposait le Congrès et le Président, lutte qui a vu émerger des querelles étroitement liées à cette question.

Le déficit américain et l'extrémisme de l'équilibre budgétaire

On ne peut nier ni l'ampleur du déficit budgétaire américain ni la force des arguments en faveur de sa réduction, étant donné le fardeau énorme que représente la dette nationale et son augmentation constante. Cependant, une fois que nous avons pris acte de cette généralité, il convient de replacer le phénomène en perspective. Il se peut que le déficit des États-Unis soit important, mais en proportion du revenu national, il est le plus faible parmi les sept pays les plus industrialisés (les membres de ce que l'on appelle le G 7) et, contrairement au déficit de ces pays, il est conforme au critère de Maastricht fixant la limite du déficit à 3 % du PNB (produit national brut). Par ailleurs, ce déficit budgétaire représente moins de 2,5 % du PNB au moment où j'écris ces lignes, ce qui est considérablement moins que par le passé (approximativement la moitié en effet du taux d'il y a quelques années)[16].

---

16. Felix Rohatyn, entrepreneur et expert financier, a résumé de la façon suivante la situation actuelle : « La situation financière du pays est très solide. Au cours des trois dernières années, le déficit budgétaire a été réduit de moitié, jusqu'à devenir inférieur à 2,5 % du PNB, grâce à la politique fiscale de l'administration Clinton et à la politique monétaire de la Federal Reserve. Les taux d'intérêt ont diminué de façon significative et l'indice Dow Jones pour les titres industriels est proche de son maximum historique. En outre, notre déficit commer-

Toutefois, s'il est assez raisonnable de demander que le déficit soit ultérieurement réduit, cela n'équivaut en aucun cas à réclamer l'élimination totale du déficit budgétaire dans les plus brefs délais – ce que la nouvelle majorité au Congrès a tenté d'imposer au gouvernement. En fait, le président Clinton a promis de parvenir à ce résultat en sept ans, ce qui constitue une concession majeure de l'administration fédérale à la majorité républicaine, même si les demandes de celle-ci étaient encore plus étendues.

Cet épisode représente un succès pour l'« extrémisme de l'équilibre budgétaire », et il ne doit être confondu en aucun cas avec le conservatisme financier. Tandis que le conservatisme financier consisterait à demander une réduction du déficit budgétaire américain dans des délais raisonnablement brefs (par peur des effets d'habitude dont parle Michael Bruno), cela ne revient absolument pas à réclamer l'élimination *totale* des déficits budgétaires en quelques années et quels qu'en soient les coûts sociaux. L'économie américaine ne connaît actuellement pas de pressions inflationnistes fortes, et la situation économique ne semble en aucune façon prendre la direction de l'instabilité dynamique décrite par Bruno. Les postes budgétaires qui seront drastiquement contractés dans le cadre de l'équilibre budgétaire incluent plusieurs programmes dont dépend de façon cruciale le bien-être de la plupart des pauvres en Amérique. Une rupture aussi soudaine et aussi radicale avec le passé (y compris avec la tradition d'assistance aux personnes dans le

---

cial diminue et le dollar se renforce. Même si l'économie connaît un ralentissement, ce n'est certes pas là le signe d'une crise financière. » *In* F. ROHATYN, « "Budget Crisis" defined », *The New York Times*, 14 janvier 1996, p. 13.

besoin, qui est fermement établie en Amérique comme une composante de la responsabilité sociale) peut difficilement être considérée comme un conservatisme de quelque sorte que ce soit. Il s'agit clairement d'une rupture *radicale*, en l'occurrence d'un cas d'extrémisme antidéficit.

L'inflation européenne et l'emploi

L'Europe a elle aussi connu un tel extrémisme au cours des dernières décennies. Derrière les apparences trompeuses du conservatisme, on peut voir un exemple d'extrémisme en matière de politique fiscale et monétaire dans la préférence accordée à des solutions politiques qui donnent une priorité presque absolue à la lutte contre l'inflation (une priorité mise en œuvre par de nombreuses banques centrales en Europe occidentale), tout en tolérant des taux de chômage extrêmement élevés, qui sont perçus comme le prix nécessaire à payer pour maintenir l'objectif prioritaire de la stabilité des prix. Il est tout à fait frappant de voir que la responsabilité sociale consistant à éviter le chômage involontaire est un objectif politique qui s'est considérablement atténué en Europe. Même les données disponibles et l'usage qui en est fait tendent à mettre l'accent sur les possibilités inflationnistes et les facteurs qui en sont à l'origine (*Inflation Report*, la publication de la Banque d'Angleterre, en est un bon exemple) plutôt que sur des questions telles que la pauvreté ou le chômage[17]. Les priorités qui

17. Dans son essai *Promise and Performance: Why We Need an Official Poverty Report*, A. B. ATKINSON explique avec rigueur pour-

ont été officiellement sanctionnées par les politiques européennes tendent à altérer non seulement ce qui est fait pour la vie des citoyens, mais aussi ce que nous savons avec certitude sur ces vies.

On pourrait penser que je suis en train de déterminer ici si l'idée de ce qu'il est convenu d'appeler un « taux de chômage naturel » permettant de garantir des prix stables est acceptable ou non. Ce « chômage naturel » se définit par le taux de chômage en dessous duquel les pressions inflationnistes augmenteraient et deviendraient dangereuses. De nombreux économistes nient l'existence, sous cette forme, d'une telle relation et affirment que beaucoup de choses dépendent en définitive d'autres circonstances et d'un contexte politique plus large. D'autres ont défendu le mérite pratique et scientifique du concept de taux de chômage naturel[18].

Cette question est certainement importante. Mais ces discussions ne se limitent pas à la théorie pure ; elles concernent aussi les chiffres réels. Même à supposer qu'il y ait de tels taux naturels, Edmund Phelps – un économiste éminent qui est l'un des principaux artisans du concept de « taux naturel » – a observé que « personne n'oserait fixer les taux de chômage naturels européens aux taux à deux chiffres affichés par les statistiques de l'emploi de l'année passée », et que « tout tend à prouver que

---

quoi il est important de disposer de rapports systématiques sur la pauvreté et d'une définition plus nette du seuil national de pauvreté.

18. Pour des perspectives très différentes au sujet de l'idée de « seuil naturel », on peut se reporter à sa défense par E. S. PHELPS, *Structural Slumps*, Harvard University Press, Cambridge, Mass., 1993 ; et à sa critique par L. L. PASINETTI, *Structural Economic Dynamics*, Cambridge University Press, Cambridge, 1993 ; et R. EISNER, *The Misunderstood Economy*, Harvard Business School Press, Boston, Mass., 1994.

les taux de chômage actuels dépassent les taux naturels[19] ». Par conséquent, et indépendamment du fait que l'on accepte ou non l'idée qu'il y ait un taux de chômage naturel, il est difficile de ne pas diagnostiquer dans ce qui passe fréquemment en Europe pour du conservatisme financier une forme d'extrémisme marquée par un préjugé systématique contre la priorité à l'emploi.

Les coûts du déficit et la question des priorités

Le conservatisme financier ne se limite pas à une inclination générale qui consiste à attacher de l'importance à la stabilité macroéconomique et à la stabilité des prix. Il est aussi une volonté délibérée d'afficher une certaine prudence en n'optant pas pour des stratégies qui, bien que relativement peu coûteuses sur le moment, peuvent à terme conduire une économie entière vers des scénarios comportant des coûts beaucoup plus élevés (induits par l'« instabilité dynamique »). Il faut distinguer le conservatisme financier de l'« extrémisme antidéficit » ou de l'« extrémisme anti-inflationniste », quels que soient les avantages et les défauts d'une telle prise de position.

Il est donc nécessaire de prendre acte de la raison d'être du conservatisme financier *tout en* reconnaissant la place qui revient à la responsabilité sociale dans la société contemporaine. En accord avec un conservatisme financier raisonné, il convient de

19. E. S. Phelps, « God, Marx and the "Natural Rate" », *The Wall Street Journal*, 5 mai 1994.

prendre acte *à la fois* des coûts clairement identifiés de dépenses publiques trop importantes *et* des risques d'instabilité macroéconomique dans le long terme. L'évaluation des coûts et des bénéfices que comporte la priorité accordée aux principales responsabilités sociales doit refléter les limites budgétaires. Dans les termes plus formels qui sont ceux du calcul économique, il s'agit de prendre en compte le « coût » réel du déficit[20]. Ce coût, qui n'est autre que la valeur des ressources budgétaires liée à leur rareté, devrait s'appliquer à l'usage des ressources publiques de toute nature. Il n'aurait pas nécessairement plus d'effets négatifs sur les principales responsabilités sociales qu'il n'en a sur d'autres charges publiques.

C'est là un prix qu'il faut payer pour puiser dans des ressources budgétaires rares, et qui pourrait s'appliquer à *toute* dépense publique, des dépenses militaires et des déficits des entreprises publiques aux dépenses publiques concernant la santé, l'éducation, la lutte contre la pauvreté et l'assurance sociale. L'importance de la responsabilité sociale en faveur de la santé, de l'éducation, de la prévention de la pauvreté et de la sécurité sociale ne sera pas ternie par le fait que les fonds destinés à ces responsabilités fondamentales doivent entrer en compétition avec des fonds destinés à d'autres fins

20. Lorsque la « contrainte budgétaire » peut être clairement spécifiée (ce qui inclut aussi le niveau maximal de déficit acceptable), le « coût » réel peut être techniquement exprimé par ce qu'on appelle le « multiplicateur de Lagrange », associé à cette contrainte et exprimant la valeur d'une unité de dépense budgétaire à la marge. Un exercice plus ambitieux consiste à comparer la valeur d'une extension de la contrainte budgétaire aux coûts que cette contrainte génère, et qui incluent les facteurs déjà spécifiés.

les dépenses militaires, par exemple, ainsi que d'autres charges que doivent soutenir de nombreux États, comme les pertes des entreprises publiques inefficaces). Passées au crible de l'analyse économique, et même après avoir pris en considération le coût des fonds qu'elles engagent, ces obligations sociales peuvent l'emporter sur d'autres usages possibles, pour lesquels la rareté des fonds publics doit aussi être prise en compte. Ceux qui prônent la conception d'une Europe socialement responsable n'ont pas beaucoup à gagner en refusant de reconnaître l'importance du conservatisme dans l'équilibre financier. Si les responsabilités sociales sont importantes – et beaucoup d'entre elles le sont, sans l'ombre d'un doute –, on ne peut les promouvoir en supposant ou en imaginant que les fonds qu'elles nécessitent *ne sont pas* rares. À l'inverse, certains objectifs socialement utiles, comme l'augmentation de l'emploi et la diminution du chômage, contribueraient directement à réduire les dépenses publiques (dans ce cas, celles qui visent à indemniser les chômeurs.)

La théorie du choix social et la discussion publique

Il peut être utile ici d'évoquer la modélisation des décisions publiques qui constitue la norme dans la théorie du choix social, une branche assez formaliste des sciences économiques et de la théorie politique contemporaines. C'est une discipline qui tire ses origines du travail systématique sur les décisions collectives accompli au XVIIIe siècle par les mathématiciens français, au premier rang desquels Condorcet et Borda. Ces travaux étaient consacrés aux processus électoraux et aux mécanismes permettant de parvenir à des décisions partagées malgré des préférences et des intérêts initiaux divergents. Au cours du dernier demi-siècle, ce domaine de recherches a vu se développer une vaste littérature technique[21]. La participation publique aux décisions sociales est un thème solidement ancré dans cette discipline, et un certain nombre de résultats techniques déterminent dans une large mesure ce qu'il est possible et ce qu'il est impossible de faire pour parvenir à des décisions acceptables malgré des divergences de valeurs et d'intérêts[22].

Je n'ai pas l'intention de présenter ici ces résultats techniques, mais je voudrais simplement souligner qu'une approche générale en termes de « choix social » est nécessaire lorsqu'on veut s'occuper des dilemmes sociaux du monde contemporain. Ce

21. L'ouvrage pionnier en la matière est K. J. ARROW, *Social Choice and Individual Values*, Wiley, New York, 1951, 2e édition, 1963. Au cours des années soixante-dix et quatre-vingt, on a pu constater une remarquable augmentation du nombre de publications sur ce thème, sur lequel je suis moi-même beaucoup intervenu. Voir par exemple *Collective Choice and Social Welfare*, Holden Day, San Francisco, 1970, réédité en 1979 à Amsterdam par North Holland ; ainsi que *Choice, Welfare and Measurement*, Blackwell-MIT Press, Oxford-Cambridge, Mass., 1982. Eva s'est activement intéressée à ces discussions, et j'ai eu le privilège de discuter avec elle quelques-uns des principes fondamentaux de la théorie du choix social (le dernier ouvrage cité est d'ailleurs dédié à Eva).

22. On peut trouver des recueils et des éditions critiques de la littérature technique dans K. SUZUMURA, *Rational Choice, Collective Decisions and Social Welfare*, Cambridge University Press, Cambridge, 1983 ; P. PATTANAIK et M. SALLES, *Social Choice and Welfare*, North Holland, Amsterdam, 1983 ; A. SEN, « Social choice theory », *in* K. J. ARROW et M. INTRILIGATOR (dir.), *Handbook of Mathematical Economics*, North Holland, Amsterdam, 1986. Voir aussi la revue *Social Choice and Welfare*, qui a publié des articles concernant des travaux plus récents.

n'est pas d'une solution techniquement sophistiquée que nous avons besoin pour sortir de ce mauvais pas, mais de remèdes consensuels et efficaces, dont l'efficacité s'explique en partie par le fait qu'ils sont consensuels. Les discussions et les argumentations qui y circulent contribuent à la formation et à la révision des priorités et, comme l'a observé Frank Knight, « les valeurs sont établies ou validées et reconnues à travers la *discussion*, une activité qui est à la fois sociale, intellectuelle et créative[23] ». James Buchanan, dont la théorie du « choix public » ajoute une dimension importante à l'analyse du choix social, a tout à fait raison de souligner le fait que la démocratie n'est autre que le « gouvernement par la discussion » et que « les valeurs individuelles peuvent changer et changent en effet au cours des processus de décision[24] ».

Tandis que la discipline professionnelle des sciences économiques peut contribuer de façon décisive à expliquer et quantifier les coûts et les bénéfices de stratégies alternatives, les questions fondamentales se prêtent parfaitement à une discussion publique générale. L'idée que les fonds publics ont un « coût » n'est pas difficile à appréhender et à introduire dans le domaine de la délibération publique. Puiser dans les ressources publiques implique des coûts qui prennent la forme de sacrifices immédiats, mais aussi de risques d'instabilité macroéconomique. Nous devons nous montrer prudents lorsque nous demandons que des fonds publics soient affectés à ceci ou à cela. Cette mise

---

23. F. KNIGHT, *Freedom and Reform*, Harper, New York, 1947, p. 280.

24. J. M. BUCHANAN, « Social Choice, Democracy, and Free Markets », *Journal of Political Economy*, n° 62, 1954, p. 120.

en garde s'applique à *tous* les domaines de la dépense publique : les dépenses militaires, le budget de la police, la construction des prisons, et ainsi de suite – et pas seulement aux fonds destinés à venir en aide aux chômeurs, aux personnes malades et aux pauvres.

Une fois que nous avons reconnu que la prudence et la modération sont des démarches nécessaires, il reste encore à établir des priorités, ce qui exige une discussion ouverte de toutes les demandes concurrentes d'affection des fonds publics. Les débats et les échanges publics peuvent tout à fait prendre tous ces facteurs en considération, sans que, pour autant, la discussion des différentes priorités dans l'usage de fonds rares cesse d'être ouverte et de s'adresser à une large audience. En vérité, il s'agit là d'un élément fondamental de la responsabilité sociale – la participation publique aux prises de décision – auquel j'ai fait référence auparavant.

La réforme par le consensus

Jusqu'à quel point une discussion publique responsable et pacifique sur la nécessité d'équilibrer les exigences conflictuelles de la responsabilité sociale et du conservatisme financier est-elle possible ? Cela dépend principalement de la façon dont une telle discussion est mise en place. La résistance massive à la réforme de la Sécurité sociale dans un pays tel que la France, par exemple, au cours des tout premiers mois du gouvernement Chirac ne peut s'expliquer sans la décision unilatérale de ce gouvernement d'effectuer des coupes budgétaires en l'absence presque totale de discussions et de négociations préalables. Les réformes unilatéralement décrétées par le gouvernement et fondées sur quelques arguments techniques plutôt que sur la consultation soutiennent difficilement la comparaison avec les processus de réforme qui émergent d'une discussion publique sur la nécessité d'aller dans telle ou telle direction.

Michael Bruno, que j'ai cité plus haut, et qui a été l'architecte de la réforme économique qu'Israël a menée en 1985-1986, est l'auteur d'un livre riche d'enseignements sur la façon dont ce pays est parvenu à un tel résultat. Le processus de négociation et l'émergence de politiques consensuelles furent les deux principaux ingrédients du succès qui a permis à Israël de juguler une spirale inflationniste extrêmement forte. Le livre de Bruno porte un titre intéressant, *Crise, stabilisation et réforme économique*, mais son sous-titre est plus approprié encore : *La thérapie par le consensus*[25]. Mettre en discussion et réexaminer les priorités des politiques publiques ne constituent pas une violation du principe de responsabilité sociale et peut même se révéler nécessaire ; en revanche, imposer une solution sans qu'elle ait au préalable fait l'objet d'une consultation et de la recherche d'un consensus constitue certainement une violation de ce principe, sans parler du fait que cela serait probablement infaisable dans une véritable démocratie.

---

25. M. Bruno, *Crisis, Stabilization and Economic Reform : Therapy through Consensus*, Clarendon Press, Oxford, 1993.

Dilemmes européens

J'ai parlé plus haut des niveaux élevés du chômage en Europe et du fait qu'ils ne peuvent être justifiés ni par les exigences de la stabilité économique ni par celles du conservatisme financier. Les objectifs consistant à établir des contrôles financiers semblent placer l'accent sur des mesures « anti-inflationnistes » plus que sur toute autre forme de responsabilité, y compris celle qui consiste à éviter le chômage involontaire. Les priorités anti-inflationnistes ne semblent pouvoir se justifier, même à partir des théories qui accordent de l'importance à ce qu'il est convenu d'appeler le « taux de chômage naturel. »

À l'origine de cette situation se trouve un problème encore plus fondamental : ces priorités n'ont pas été soumises à une discussion publique adéquate. Cette lacune a des conséquences à la fois sur la nature et les caractéristiques des critères qui sont utilisés et sur leur capacité à être acceptés et adoptés par le public[26]. Je reviendrai sur ce point.

Cet « extrémisme anti-inflationniste » s'est enrichi au cours des dernières années d'autres priorités, qui sont liées à l'engagement de réaliser au plus vite une monnaie européenne commune. Le critère qui doit être rempli pour accéder à l'union monétaire, tel qu'il est énoncé dans le traité de Maastricht, exige que le déficit des administrations publiques n'excède pas 3 % du PIB et que l'endettement

26. J'ai essayé de discuter les questions d'ordre général que soulèvent les solutions participatives apportées aux problème sociaux dans mon discours présidentiel à l'American Economic Association, publié sous le titre « Rationality and social choice », *American Economic Review*, n° 85, 1995.

public du pays n'excède pas 60 % du PIB (ou, du moins, ne s'écarte pas trop de ce seuil). En 1995, seul le Luxembourg remplissait aisément ces conditions, tandis que l'Allemagne était péniblement sur le point de les satisfaire. L'engagement à renverser cette situation d'ici à la date butoir de 1999 a ajouté une contrainte politique ultérieure que de nombreuses économies européennes auront du mal à respecter.

Ce défi est bien entendu lié à une question plus vaste concernant la nature de l'unité européenne qu'on souhaite réaliser. Il n'est pas difficile de mesurer la force des arguments en faveur d'une plus grande intégration des économies européennes, qui impliquerait à terme une monnaie commune. La nature de l'intégration souhaitable soulève encore de nombreuses interrogations, tandis que subsistent des questions au sujet de ses fondations institutionnelles : elles portent notamment, comme l'a noté Tommaso Padoa-Schioppa, sur le contraste entre « le fonctionnalisme de Jean Monnet et le constitutionnalisme d'Altiero Spinelli[27] ». À cela s'ajoutent des questions concernant le rythme auquel l'intégration doit se faire, et la possibilité de prévoir des exceptions aux conditions posées à Maastricht.

En réalité, le traité de Maastricht couvre un vaste éventail de questions, qui comprennent certes des conditions financières et budgétaires, mais également un volet social. Ce qui est frappant, ce n'est donc pas l'étroitesse du cadre politique défini par ce document, mais la mesure dans laquelle la discus-

27. T. Padoa-Schioppa, *The Road to Monetary Union in Europe*, *op. cit.*, p. 22.

sion publique a été dominée par un seul de ces aspects, en l'occurrence les critères budgétaires et financiers, au détriment relatif des questions sociales. On ne doit pas s'étonner de ce que les banques centrales soient allées dans cette direction ; c'est en effet leur rôle spécifique que de s'occuper des aspects financiers de la situation économique. Mais les priorités sociales consistant à réduire le chômage, à faire reculer la pauvreté et à accroître la justice économique doivent bénéficier d'un soutien plus important de la part des divers mouvements politiques de chaque pays. Cela est d'autant plus important que la nécessité de réduire les déficits budgétaires – non seulement pour satisfaire aux critères de Maastricht mais aussi pour assurer la stabilité de l'économie nationale – demande en général que soient prises des dispositions sévères, et le besoin d'équité n'est jamais aussi grand que lorsque des sacrifices doivent être consentis. Il est aussi urgent de rechercher des moyens novateurs d'élever le niveau d'emploi et de faire en sorte que les services sociaux bénéficient aux plus démunis plutôt qu'à ceux qui pour une raison ou pour une autre sont privilégiés par les systèmes en vigueur.

Tout cela ne fait que souligner la nécessité d'introduire plus de discussions publiques et de débats, plutôt que de prendre des mesures brusques et précipitées menées en l'absence quasi totale de consultations. La décision politique unilatérale prise en 1995 par le gouvernement français a conduit aux manifestations qui ont secoué le pays ; elle a été suivie par le retrait tout aussi unilatéral des principaux volets de la politique qui avait été annoncée. À long terme, cela n'a pas contribué à rendre plus aisée la « thérapie par le consensus », pour reprendre l'expression de Bruno. Des discussions plus nombreuses et plus élargies, faisant systématiquement référence aux avantages et aux inconvénients des options proposées, sont nécessaires non seulement en France, mais aussi en Grande-Bretagne (où le gouvernement est fondamentalement hostile à la monnaie unique), et même en Allemagne et en Italie (où l'intégration monétaire jouit d'un plus grand soutien de la part du gouvernement, mais où des mesures sévères doivent encore être prises).

Les exigences de l'intégration économique européenne (y compris dans ses aspects monétaires) doivent être conçues en des termes plus généraux. Il est évident que l'on doit tenir compte de la nécessité réelle qu'il y a de réduire la taille des déficits budgétaires, indépendamment de tout projet d'intégration monétaire. Mais la relation entre la réduction des déficits, le maintien des taux de change et la prévention de l'inflation doit être mise en rapport avec d'autres objectifs, notamment la réduction du chômage et de la pauvreté en Europe. La question principale n'est pas de trouver des solutions professionnelles satisfaisantes à des problèmes techniques compliqués (aussi important cela soit-il), mais aussi de parvenir à des décisions sur une base participative, en donnant aux citoyens l'opportunité de faire connaître et de défendre leurs préoccupations, y compris celles qui concernent le chômage et les épreuves qu'ils endurent.

Un processus de participation plus authentique ne peut que donner plus de poids aux problèmes liés au chômage et aux privations qu'il entraîne. Ces problèmes requièrent en effet des solutions plus novatrices, concernant par exemple la façon dont on peut agir sur le marché du travail en vue de créer plus d'emplois et d'augmenter les salaires réels, ou encore les garanties qui peuvent être étendues aux plus désavantagés sans perdre en efficacité ni mettre en péril la stabilité économique[28]. Faire de la réduction du chômage et de l'élimination de la pauvreté des *priorités européennes* générales aurait pour effet de contribuer dans une large mesure à corriger le biais implicite des programmes dominés par des questions monétaires.

Si le projet d'unité européenne s'assimile de plus en plus à un programme technique destiné à réaliser l'union monétaire et à respecter des calendriers de coupes budgétaires, il est important de rappeler que cet appel à l'union est aussi motivé par des objectifs plus vastes qui incluent la responsabilité sociale envers le bien-être et les libertés fondamentales des populations concernées. Cet engagement implique d'une part que l'on affronte en priorité les situations de dénuement dans lesquelles tant de personnes se trouvent actuellement. Mais cela implique aussi, d'autre part, de garantir que les personnes concernées jouissent de la liberté effective de se joindre au processus de décision, plutôt que de simplement s'entendre dire l'avis des experts sur ce qui devrait maintenant arriver. De nombreux aspects des décisions politiques, tant procéduraux que substantiels, restent encore à explorer.

---

28. Des études comme celles de PHELPS, *The Social Wage*, *op. cit.*, et de FITOUSSI et ROSANVALLON, *Le Nouvel Âge des inégalités*, *op. cit.*, auxquelles je me suis référé, indiquent les directions à suivre si l'on veut surmonter les problèmes chroniques du chômage et des bas salaires. Il est nécessaire d'aller bien au-delà des politiques purement macroéconomiques et de compléter les approches fondées sur les agrégats par des programmes qui influencent les prix et les coûts relatifs ainsi que des incitations à l'embauche plutôt qu'aux licenciements.

L'examen des dépenses publiques et les dépenses militaires

Le besoin d'examiner attentivement les différents types de dépenses publiques se fait sentir dans la plupart des pays du monde, qu'il s'agisse des pays riches en Europe et en Amérique du Nord ou des pays pauvres en Afrique, en Asie et en Amérique latine[29]. Mais cet examen doit être impartial, c'est-à-dire qu'il doit couvrir non seulement les systèmes d'assurance et de sécurité sociale, mais aussi d'autres circuits de la dépense publique. Le fait que la France ait conduit des essais nucléaires au moment même où le gouvernement annonçait ses mesures de réduction des dépenses publiques n'a pas facilité leur application. Le problème, évidemment, est beaucoup plus général et il ne se manifeste pas seulement en France.

Avant de quitter ses fonctions de président de la Royal Society, sir Michael Atiyah, à l'occasion de son récent « discours d'anniversaire », a eu ces mots à propos des programmes nucléaires et des dépenses militaires du gouvernement britannique :

« Je suis convaincu que l'histoire montrera que la détermination du Royaume-Uni à se doter de la capacité nucléaire fut totalement erronée, qu'elle représente un gaspillage total et qu'elle a contribué de façon significative à notre relatif déclin économique au cours des cinquante dernières années.

« Les faits parlent d'eux-mêmes. Des comparaisons avec l'Allemagne montreraient que les deux pays ont affecté approximativement la même part

29. L'emploi massif de ressources pour les dépenses militaires, y compris dans les pays pauvres, est documenté en détail dans UNDP, *Human Development Report 1994*, New York, UNDP, 1994.

de leurs ressources à la recherche et au développement. Cependant, la répartition de ces fonds entre la recherche militaire et la recherche civile varie fortement d'un pays à l'autre. Étant donné ce décalage, et l'importance reconnue de la science et de la technologie pour l'industrie moderne, il aurait fallu que nos concurrents allemands fassent montre d'une incompétence grossière pour ne pas tirer des bénéfices économiques majeurs de cet investissement supplémentaire. Un raisonnement similaire s'applique au cas du Japon[30]. »

Il est par conséquent nécessaire, aujourd'hui, de résister coûte que coûte à la tentation de soustraire au domaine du débat public certains aspects des politiques publiques alors que d'autres sont ouvertement offerts aux attaques d'une critique féroce.

La responsabilité sociale et le choix de la participation

Je voudrais conclure cette discussion par quelques remarques d'ordre général.

1. Le conflit entre une responsabilité sociale étendue et un conservatisme financier fort constitue un dilemme social précisément parce que chaque option repose sur des arguments valides. La question est de trouver un équilibre entre des biens de type différent, et non d'opter pour un « bien » contre un « mal ».

2. La notion de responsabilité sociale se fonde sur la reconnaissance du fait que la vie des individus en société entraîne des interdépendances, ce

30. Sir Michael Atiyah, Président de la Royal Society, « Anniversary Address », 30 novembre 1995.

qui implique des obligations réciproques liées aux relations économiques, politiques et sociales qu'ils entretiennent mutuellement. La prise en compte de cette interdépendance n'est pas nouvelle, et elle remonte aux écrits philosophiques d'auteurs tels qu'Emmanuel Kant et Adam Smith.

3. On croit souvent que l'« esprit du capitalisme » est hostile aux responsabilités de l'État et de la société civile, alors que le développement du capitalisme a largement contribué à renforcer ces responsabilités, en augmentant à la fois le degré d'interdépendance et la prospérité. De façon plus dialectique, le fait que la plus grande prospérité des uns puisse aller de pair avec le maintien des autres dans le dénuement a renforcé les arguments en faveur d'une responsabilité spéciale à l'endroit de ceux que les processus économiques favorisent le moins. La critique socialiste, qui se nourrit des disparités produites par le capitalisme, garde toute sa pertinence aujourd'hui, même si les remèdes spécifiques privilégiés par les socialistes ont été fortement remis en cause par leurs échecs pratiques. Il ne faut pas donner à la recherche de nouvelles solutions institutionnelles plus d'importance qu'elle n'en a, mais la nécessité de combattre les inégalités et la pauvreté reste aujourd'hui aussi pressante que jamais.

4. L'idée que la liberté individuelle est une responsabilité sociale résume, d'une façon générale, la nature des obligations qu'a une société à l'égard de ses membres. Ces responsabilités ne comprennent pas seulement des mesures telles que les soins de santé, la garantie d'une éducation minimale, la lutte contre la pauvreté et la sécurité sociale (sans lesquelles l'exercice de la liberté individuelle serait extrêmement restreint), mais aussi des libertés élémentaires ainsi que des droits civils et politiques, notamment le droit de participer aux décisions publiques qui affectent la vie des citoyens. La possibilité effective de participer représente l'une des responsabilités sociales fondamentales sans laquelle on ne peut affronter les dilemmes sociaux qui sont les nôtres aujourd'hui.

5. Le conservatisme financier s'appuie sur des arguments forts, qui sont liés aux effets négatifs immédiats qu'entraînent des dépenses publiques excessives mais aussi aux risques de spirale et d'instabilité dynamique. Cela dit, le conservatisme financier ne doit pas être confondu avec ce qui est en réalité l'« extrémisme de l'équilibre budgétaire » ou l'« extrémisme anti-inflationniste ». Ces solutions extrêmes peuvent entraîner de lourdes conséquences et créer une insécurité économique qui pénalise les plus démunis et les plus défavorisés (en produisant par exemple un chômage inutilement élevé). Et la mise en œuvre non négociée de cet extrémisme peut tout aussi bien exacerber le conflit social en l'absence de tout consensus sur les politiques poursuivies.

6. L'adoption de solutions extrémistes sur les questions d'équilibre budgétaire aux États-Unis non seulement est à l'origine de l'impasse politique dans laquelle se trouve le gouvernement, mais elle a aussi imposé aux plus démunis et aux plus désavantagés plus de sacrifices qu'il n'était nécessaire pour atteindre les objectifs louables du conservatisme financier. La revendication d'une élimination complète du déficit budgétaire en l'espace de quelques années n'est pas fondée sur une lecture pragmatique de la situation et de la nature de l'économie américaine. Les coûts sociaux des désengagements de l'État qui ont été proposés doivent être comparés aux bénéfices qui résulteraient d'un déficit faible ou proche de zéro, et à l'utilité sociale des dépenses publiques réalisées sous d'autres chapitres (telles que les dépenses militaires ou les allocations que certains programmes accordent à ceux qui bénéficient déjà d'une aisance relative).

7. Ces dilemmes sociaux ont acquis en Europe un relief particulier, notamment en raison de la priorité accordée au contrôle de l'inflation au détriment de la lutte contre le chômage. La contrainte de la discipline budgétaire a été ultérieurement renforcée par les exigences du processus d'union monétaire. Ces exigences ont été utilisées pour justifier des tentatives unilatérales de la part des gouvernements d'opérer des coupes dans de nombreux programmes en vigueur (avec peu de succès et beaucoup de fracas en France), alors que l'ensemble de ce processus exige une solution plus démocratique (fondée sur une discussion plus large et mieux informée, et des occasions plus fréquentes d'exprimer des préoccupations et de suggérer des réformes imaginatives). Un processus plus ouvert à la participation ne se limiterait pas à rendre plus aisée la « thérapie par le consensus » ; il pourrait aussi contribuer à rectifier la négligence relative avec laquelle sont traités les problèmes du chômage et de la pauvreté par rapport à d'autres objectifs. Considérer « la liberté individuelle comme [une] responsabilité sociale » inclut la participation aux décisions cruciales pour la vie des personnes concernées[31].

---

31. De plus d'une façon, cela nous ramène exactement aux préoccupations démocratiques et égalitaires qui, à la fin de la Seconde Guerre mondiale étaient celles de théoriciens politiques et de personnalités publiques tels que Eugenio Colorni et Altiero Spinelli.

8. Il ne suffit pas de donner toute la place qui leur revient aux débats publics ; il est aussi fondamental d'élargir la portée et le contenu de ces discussions. Ce contenu a souvent été limité à un seul type de préoccupations (tout à fait légitimes en elles-mêmes, mais restant toutefois partielles), tandis que certains débats économiques concernant la discipline financière se sont révélés assez éloignés des préoccupations réelles des gens. Un examen plus attentif de la nécessité d'un engagement européen en faveur de l'emploi et de l'éradication de la pauvreté transformerait totalement la nature des débats, qui ont tendance à se concentrer trop exclusivement sur la discipline budgétaire et le contrôle de l'inflation. L'amélioration de la participation publique et l'élargissement des débats publics sont des objectifs complémentaires qui se renforcent mutuellement.

9. Il est important non seulement de distinguer le conservatisme financier et l'extrémisme antidéficit, mais aussi de réexaminer toutes les affectations de fonds publics – depuis le secteur militaire jusqu'aux secteurs civil et social – au cours des discussions et des débats publics. En Europe et aux États-Unis, de nombreux secteurs dans lesquels sont engagées des dépenses publiques échappent à tout examen critique digne de ce nom ; il en va notamment ainsi du poids des priorités militaires par rapport aux programmes civils. Les évaluations comparatives qui se révèlent nécessaires ne comprennent pas seulement les systèmes de soins, la sécurité sociale et les retraites, mais aussi les priorités de la recherche à long terme, de laquelle dépend le bien-être futur des citoyens. Ces responsabilités sociales doivent être comparées aux allocations budgétaires qui vont aux programmes militaires et à d'autres chapitres de dépense, au nombre desquels figurent aussi la recherche et le développement à des fins militaires. La logique du conservatisme financier exige un examen critique général qui ne souffre pas d'exceptions sacro-saintes susceptibles d'en altérer la qualité.

Finalement, on ne peut trancher les dilemmes sociaux qu'à travers des processus de choix public fondés sur la participation, le dialogue et les débats ouverts. Ces débats mettent en jeu les fins ultimes, mais aussi les moyens pratiques et, de façon plus décisive encore, les procédures à travers lesquelles ces moyens et ces fins sont évalués. Le pilotage unilatéral, y compris s'il est le fait du meilleur des experts, ne saurait en soi constituer une solution.

Table

Dans la même collection

Essais

Mumia Abu-Jamal, *En direct du couloir de la mort.*

Rochdy Alili, *Qu'est-ce que l'islam ?*

Michel Authier et Pierre Lévy, *Les arbres de connaissances.*

Louis Barthas, *Les carnets de guerre de Louis Barthas, tonnelier, 1914-1918.*

Nicolas Beau et Jean-Pierre Tuquoi, *Notre ami Ben Ali.*

Michel Beaud, *Le basculement du monde.*

Sophie Bessis, *L'Occident et les autres.*

Paul Blanquart, *Une histoire de la ville.*

Augusto Boal, *Jeux pour acteurs et non acteurs.*

Augusto Boal, *Théâtre de l'opprimé.*

Lucian Boia, *La fin du monde.*

Philippe Breton, *L'utopie de la communication.*

François Burgat, *L'islamisme en face.*

Ernesto Che Guevara, *Journal de Bolivie.*

Daniel Cohn-Bendit, *Une envie de politique.*

Sonia Combe, *Archives interdites. L'histoire confisquée.*

Frantz Fanon, *Les damnés de la terre.*

Gustave Folcher, *Les carnets de guerre de Gustave Folcher, paysan languedocien, 1939-1945.*

Daniel Guérin, *Ni Dieu ni Maître* (2 tomes).

Roger-Henri Guerrand, *Les lieux.*

Roger-Henri Guerrand, *L'aventure du métropolitain.*

Jean Guisnel, *Guerres dans le cyberespace.*

Joseph Klatzmann, *Attention statistiques !*

Paul R. Krugman, *La mondialisation n'est pas coupable.*

Pierre Larrouturou, *Pour la semaine de quatre jours.*

Jean-Pierre Le Goff, *Les illusions du management.*

Jean-Pierre Le Goff, *Mai 68, l'héritage impossible.*

Pierre Lévy, *L'intelligence collective.*

Pierre Lévy, *Qu'est-ce que le virtuel ?*

Paul Lidsky, *Les écrivains contre la Commune.*

André L'Hénoret, *Le clou qui dépasse.*

Alain Lipietz, *La société en sablier.*

Gilles Manceron, *Marianne et les colonies.*

Ernest Mandel, *La pensée politique de Léon Trotsky.*

Sven Ortoli et Jean-Pierre Pharabod, *Le cantique des quantiques.le monde existe-t-il ?*

Daya Pawar, *Ma vie d'intouchable.*

Paulette Péju, *Ratonnades à Paris.*

Jeremy Rifkin, *La fin du travail.*

Charles Rojzman, *Savoir vivre ensemble.*

Bertrand Schwartz, *Moderniser sans exclure.*

Victor Serge, *L'an I de la révolution russe.*

Victor Serge, *Vie et mort de Léon Trotsky.*

Maryse Souchard, Stéphane Wahnich, Isabelle Cuminal, Virginie Wathier, *Le Pen, les mots.*

Isabelle Stengers, *Sciences et pouvoirs.*

Benjamin Stora, *La gangrène et l'oubli.*

Pierre Vermeren, *Le Maroc en transition.*

Pierre Vidal-Naquet, *Algérie : les crimes de l'armée française.*

Michel Wieviorka, *Une société fragmentée ?*

Michel Wieviorka, *Le racisme, une introduction.*

La Découverte/Poche

BUSSIÈRE CAMEDAN IMPRIMERIES

GROUPE CPI

Composition DV Arts Graphiques, à Chartres
Impression réalisée sur Cameron
à Saint-Amand-Montrond (Cher)
en décembre 2003.
Dépôt légal : décembre 2003.
N° d'impression : 035620/1.
Imprimé en France